Johannes Galli
Körpersprache
und Kommunikation

Galli

ISBN 3-926032-83-9
1. Auflage 1998
Alle Rechte vorbehalten!
Galli Verlag
Haslacher Str. 15
79115 Freiburg
Tel 0761/40 007-0
Fax 0761/40 007-33
eMail: galli.verlag@t-online.de
Umschlaggestaltung: Hugo Waschkowski
Druck: Stiehler Druck & Media GmbH Denzlingen

Inhalt

Vorwort.

Häufig nach Vorträgen und Trainings zum Thema „Körpersprache und Kommunikation" werde ich gefragt, ob es denn etwas Geschriebenes gäbe, denn man wolle zuhause alles in Ruhe nochmals nachlesen. Seit 1995 kann ich diese Frage bejahen, denn seit dieser Zeit veröffentliche ich "GAME-Die Galli Methode® ", eine Loseblattsammlung, die vier Mal im Jahr erscheint und inzwischen (Stand September 1998) auf 830 Seiten angewachsen ist.
Natürlich erschrickt da die Fragerin oder der Frager bei dieser massiven Antwort und wehrt ab, denn eigentlich wollte man ja nur den kleinen Finger, und ich gebe gleich die ganze Hand.
Es ist richtig, wer sich für Körpersprache und Kommunikation interessiert braucht sich nicht gleich zwangsläufig für meine ganze Methode zu interessieren. Aus diesem Grunde habe ich mich entschlossen, den Baustein „Körpersprache und Kommunikation", gesondert herauszugeben. Die Leserin und der Leser werden herausfinden, daß ich die Fülle von Erfahrung und Wissen über körpersprachliche Symbole gerne zur Verfügung stelle und zu ihrer Anwendung ermuntere.
Das vorliegende Buch entspricht dem gleichlautenden Kapitel 1.5. in "GAME - Die Galli Methode®". Es wurden lediglich die Paginierung geändert und Druckfehler korrigiert. Ansonsten wurde der Text unverändert übernommen.
Häufig erwarten Leser von Büchern über Körpersprache eine Menge Bilder zur Veranschaulichung oder auch zum gleichen Zweck Videokassetten. Dem möchte ich Folgendes entgegenhalten: Bilder und Filme sind zweidimensional und können die dreidimensionalen Bewegungen und Haltun-

gen der Körpersprache, die sich in die sechs Grundrichtungen der Raumtiefe erstrecken, nie voll und ganz in ihrer Wirklichkeit erfassen, und täuschen es doch vor. Somit sind sie aus meinem Blickwinkel gänzlich ungeeignet, um das Ziel, das ich mir mit diesem Buch gesteckt habe, zu erreichen, nämlich mit meinen Gedanken zur Körpersprache und Kommunikation Raum zu schaffen für Übungen und Erfahrung, mit deren Hilfe Sie Bewußtsein und Wachheit in Ihre eigene Körpersprache fließen lassen können.

Noch ein wichtiger Hinweis zum Übungsteil, der jeder einzelnen der sieben Regeln zur lebendigen Kommunikation angefügt ist. Nach meiner Erfahrung ist es sehr hilfreich und wirkungsvoll, in Form eines Tagebuches die im Übungsteil gestellten Fragen immer und immer wieder zu beantworten. Zum einen schärft und diszipliniert dies die Beobachtungsfähigkeit, zum anderen wird durch die verschiedenen datierten Eintragungen Wachstum sichtbar.

Vieles aus dem beruflichen und privaten Alltag wird sich nach der Lektüre dieses Buches verändert darstellen. Kommunikationsprozesse können schneller und wirkungsvoller in Gang gesetzt und gesteuert werden. Konflikte werden frühzeitig erkannt und können konkret gelöst, bzw. schon im Vorfeld entschärft werden. Eine ungeahnte Kreativität steht dem zur Verfügung, der die Körpersprache bewußt in seiner Kommunikation beachtet und erfolgreich anwendet.

Johannes Galli
12. September 1998, München

Einleitung.

Im Laufe meiner langjährigen Tätigkeit als Trainer in Kursen, Trainings und Vorträgen im Bereich „Körpersprache und Kommunikation" bildete sich in mir das Bedürfnis, auch einmal in größerem Rahmen meine Erfahrung mit diesem spannenden Thema weiterzugeben. Da ich das Publikum direkt erreichen wollte, war ich gezwungen, eine völlig neue Form der Präsentation zu entwickeln.

Da ich das Publikum direkt erreichen wollte, war ich gezwungen, eine völlig neue Form der Präsentation zu entwickeln

Für Körpersprache sind theoretische Ausführungen nur am Rande wichtig. Es geht bei diesem Thema vielmehr darum, durch intensive, gemeinsame Beobachtung eigenständige Erkenntnisse vorzubereiten. Nicht Wissensvermittlung steht im Vordergrund, sondern die Möglichkeit, eigene Erfahrungen auf dem Gebiet der Körpersprache zugänglich zu machen.

Die seit vielen Jahrzehnten als optimales Mittel der Kommunikation gepriesene Methode, der Vortrag, taugte für mein Vorhaben nicht.

Ich kreierte etwas Neues und nannte es: „Lebendiger Vortrag mit Spiel."

Ich kreierte etwas Neues und nannte es: "Lebendiger Vortrag mit Spiel"

In dieser neuen Kreation führe ich nicht nur als Vortragsredner durch das Thema Körpersprache, sondern auf der Bühne stehen auch Spieler meines Ensembles bereit, um meine Ausführungen durch spontane Spielszenen zu gestalten. Auf diese Weise erfährt die Theorie sofort eine praktische Umsetzung. Der Zuschauer sieht unmittelbar, wie die angesprochenen Themen körpersprachlich umgesetzt werden. Da die Spieler immer spontan spielen, ist gewährleistet, daß die Körpersprache in ihrer natürlichen Dynamik wirkt und damit direkt und anschaulich studiert werden kann. Dieser lebendige Vortrag mit Spiel ist im wahrsten Sinne des Wortes einmalig. Die Zuschauer können einerseits ganz entspannt zuhören und andererseits die Spieldemonstrationen mitleben. Der Zuschauer erhält theoretische Information und gleichzeitig kann er sie gefühlsmäßig überprüfen. In einem Geschehen, in dem es um Körper und Gefühle geht, bin ich als Vortragsredner gezwungen, einerseits sehr vorsichtig zu sein, weil hier jeder Mensch durch jahrtausendelange Tabus sehr verletzlich ist, andererseits brauche ich ein hohes Maß an Vertrauen, um die Erkenntnis zu vermitteln, wie erschreckend wahrhaftig der Körper spricht.

Der Zuschauer erhält theoretische Information und gleichzeitig kann er sie gefühlsmäßig überprüfen

Dadurch, daß die Spieler auf der Bühne den Mut entwickeln, direkt Szenen aus dem Stegreif zu spielen, sich also für die momentane Situation öffnen, schmilzt das Eis zwischen Publikum, den Spielern und mir sehr schnell, und es entsteht die vertrauensvolle Atmosphäre, die nötig ist, wenn man wirklich heiße Eisen anpackt.

Der folgende Vortrag fand am 18. Februar 1993 in der Kongreßhalle Zürich statt.

Das anwesende Publikum stammte aus den unterschiedlichsten Berufsgruppen wie Ärzte, Therapeuten, Pädagogen und Geschäftsleute. Insgesamt waren ca. 300 Zuschauer anwesend.

Es entstand ein reger Austausch zwischen Zuschauern, Spielern und mir

Es entstand ein reger Austausch zwischen Zuschauern, Spielern und mir. Sehr schnell wurde ein Thema zum zentralen Interesse aller: Wie verhalten sich Frau und Mann in den verschiedensten Situationen körpersprachlich zueinander? Besonders großes Interesse galt der Frage, wie nähern sich Mann und Frau an, ohne sich zu verletzen.

Es hat sich in allen lebendigen Vorträgen mit Spiel, die ich seit dieser Zeit gehalten habe, gezeigt, daß in einer vertrauensvollen Atmosphäre eine sehr sensible Beobachtung der Körpersprache im höchsten Maße möglich ist.

Der hier vorliegende Vortrag wurde von mir speziell für die GAME Ausgabe überarbeitet. Hierbei stand ich vor der Frage, wie ein solch dichtes Ereignis transportiert werden könnte; denn eine einfache Mitschrift des damals mitlaufenden Tonbandes konnte dies nicht leisten. So habe ich die gespielten Szenen kurz und einprägsam im Nachhinein beschrieben und zum besseren Verständnis kursiv gesetzt. Außerdem habe ich mich bemüht, allzu Situationsspezifisches wegzulassen und Allgemeingültiges deutlich hervorzuheben. Den Aufbau des Vortrages mit Spiel habe ich unverändert gelassen. Es ist mir wichtig, meine Begeisterung von damals für dieses Thema noch durch die Zeilen durchschimmern zu lassen.

Aus einem fünfjährigen Abstand betrachtet, ist die Wucht, mit der ich seinerzeit das Thema bearbeitete, sehr beeindruckend. In den letzten Jahren sind die vielen Fragen, die mich zu diesem Thema erreichten, eher anwendungsbezogener geworden. Aus diesem Grunde habe ich die „sieben Regeln zur lebendigen Kommunikation" angefügt, um dem Leser eine Zusammenfassung der körperspachlichen Erkentnisse anzubieten. Die anschließenden Tagebuchblätter eignen sich hervorragend als Grundlage eigener körpersprachlicher Forschungsarbeiten.

Der hier vorliegende Vortrag wurde von mir speziell für die GAME Ausgabe überarbeitet

Es ist mir wichtig, meine Begeisterung von damals für dieses Thema noch durch die Zeilen durchschimmern zu lassen

Der Vortrag

Der Vortrag.

Sehr geehrte Damen und Herren,
seit einigen Jahren steigt glücklicherweise das Interesse, mehr über Körpersprache wissen zu wollen. Es ist allgemein bekannt und akzeptiert, daß das, was ein Mensch inhaltlich mit Worten ausdrückt, nicht die einzige Ebene der Kommunikation ist, sondern daß die Art, wie er es sagt, in welchem Ton er spricht und mit welcher Mimik und Gestik er das Gesagte untermalt, die Kommunikation weitaus wesentlicher bestimmt.

Körpersprache ist Ausdruck innerer Bewegungen, und wenn sie ernst genommen wird, kann man an der Körpersprache den momentanen Gefühlszustand ablesen

Körpersprache ist Ausdruck innerer Bewegungen, und wenn sie ernst genommen wird, kann man an der Körpersprache den momentanen Gefühlszustand eines Menschen ablesen. Aber nicht nur das, seine gesamte Lebensgeschichte offenbart sich in Bewegungsdynamik, Körperhaltung, Falten im Gesicht etc. Der Körper lügt nie. Leider wird diese Wahrheit des Körpers häufig nicht akzeptiert. So geschieht etwas Fatales: die Körpersprache wird nicht mehr als Basis der Selbstbeobachtung und Selbsterforschung genutzt, sondern als Aushängeschild eines von Werbung und Medien geprägten Persönlichkeitsbildes. Somit fällt Körpersprache leider dem mit "gut" und "schlecht" bewertenden Instrument Intellekt in die Hände, und verkümmert dort in dem engen Raster dessen, was Mode und Zeitgeist derzeit als gut und schön deklarieren.
Seit Jahrhunderten wurde der Körper als niedrig verteufelt, während das Geistige als das ewig Erhabene in den Himmel gehoben wurde. Heute ist die Jenseitssehnsucht vergangener Epochen von der alles dominierenden Herrschaft des Intellekts abgelöst worden. Märchen, Mythen, Symbole,

Intuition und das Spiel werden meist milde belächelt und als Unterhaltung für Kinder abgetan. Was wird an unserem Körper nicht alles weggepudert und fortgepinselt, hingemalt und wegrasiert, gehoben, gestützt und abgeklemmt! Ganze Körperpartien werden fortgewünscht und anders hinzugeträumt. Der Körper ist nicht mehr die Basis und das Wirkungsfeld für eine geistige Verfeinerung, sondern schlicht und einfach ein notwendiges Übel, das man irgendwie hinnehmen muß. Für alle aber, die inneres Wachstum anstreben, ist es ein enormer Gewinn, den eigenen Körper in seiner vielfältigen Weisheit kennenzulernen, seine Heilkräfte zu aktivieren, zu nutzen, ihm Raum zu geben für seine Gestaltungsmöglichkeiten, seine Kreativität, Vitalität, Kraft und Lebensfreude.

Für alle, die inneres Wachstum anstreben, ist es ein enormer Gewinn, den eigenen Körper in seiner vielfältigen Weisheit kennenzulernen

Meine Präsentation „Lebendiger Vortrag mit Spiel" habe ich so gestaltet, daß Schauspieler meines Ensembles Ihnen immer wieder spontan kleine Spielszenen vorspielen, die ich erkläre und deute. So ist die Nähe zur Praxis gewährleistet, und Sie als Publikum haben immer die direkte Anwendung körpersprachlicher Kommunikationsangebote vor Augen. Sie können auch direkt Wünsche äußern, indem Sie Kommunikationssituationen schildern, die von den Schauspielern direkt dargestellt werden und von mir auf ihre körpersprachliche Wirklichkeit hin untersucht werden. Dieser Vortrag ist somit lebendig, publikumsnah, praxisbezogen und effektiv.

Dieser Vortrag ist lebendig, publikumsnah, praxisbezogen und effektiv

Erlauben Sie mir also nun, daß ich Ihnen die Spieler des heutigen Abends vorstelle. Die Spieler sind heute Abend die Litfaßsäulen, an denen Ihnen die Körpersprache mit jeder weiteren Spielszene immer deutlicher wird.

Vorstellung der einzelnen Spieler mit Vornamen.

Nun möchte ich die Gelegenheit nutzen, mich selbst vorzustellen. Ich leite in Deutschland, der Schweiz und in Österreich Kurse in Körpersprache in allen nur erdenklichen Institutionen. In den Volkshochschulen, an den Universitäten, bei den Kirchen im Bereich der Seelsorge, in Krankenhäusern und vor allem in der Wirtschaft.

Die Notwendigkeit, sich mit der Welt der körpersprachlichen Symbole auseinanderzusetzen, ist längst erkannt worden, denn das Auseinanderfallen von dem, was wir sagen, und dem, was wir wirklich meinen, ist beträchtlich und behindert die Kommunikation untereinander in unerträglicher Weise. Mangelnde Kommunikation bewirkt vor allem in Unternehmen einen jährlichen Schaden in Milliardenhöhe.

Die Körpersprache ist eine Sprache, die immer und überall gesprochen wird, die aber immer und überall weniger verstanden wird

Die Körpersprache ist eine Sprache, die immer und überall gesprochen wird, die aber immer und überall weniger verstanden wird. Das wirklich Beeindruckende an der Körpersprache ist, daß wir in dieser Sprache niemals schweigen, sondern dauernd Mitteilungen machen.

Ob wir wollen oder nicht, der Körper spricht.

Wie Sie nun schon bemerken, wird dieser Vortrag eine wirklich spannende und sehr dichte Auseinandersetzung mit dem Thema: Was teile ich denn wirklich mit? Ist mir eigentlich bewußt, was ich alles ausdrücke? Und vor allem: wird das, was ich ausdrücke so verstanden, wie ich es meine?

Um die eigene Körpersprache und die der anderen differenziert beobachten und verstehen zu können, müssen wir drei Ebenen unterscheiden

Um die eigene Körpersprache und die der anderen differenziert beobachten und verstehen zu können, müssen wir drei Ebenen unterscheiden: die Mimik, die Gestik und die Körperhaltung.

Als Mimik bezeichnen wir alle körpersprachlichen Zeichen, die sich im Gesicht darstellen, wobei wir zwischen statischen und dynamischen Zeichen der

Körpersprache unterscheiden müssen. Statische Zeichen der Körpersprache sind unveränderbar, wie zum Beispiel die Form der Nase, Augenfarbe, Form der Lippen, Falten etc. Als dynamische Zeichen werden alle Bewegungen bezeichnet, die während des Sprechens die emotionale Ebene ausdrücken: Freude, Ärger, Sympathie, Trauer gestalten sich durch eine Veränderung des Mundes, der Augenbrauen, der Stirnfalten. Als Gestik bezeichnen wir den Bewegungsausdruck der Arme, Hände und Finger. Statische Zeichen sind die Form der Hände und Arme. Alle Bewegungen, die mit den Händen, Fingern und Armen geschehen und meist das Gesagte kommentieren, sind dynamische Zeichen. Statische Zeichen der Körperhaltung sind die äußere Gestalt eines Menschen. Dynamische Zeichen der Körperhaltung kommen in der Beweglichkeit des gesamten Körpers zum Ausdruck, vor allem aber in der Beweglichkeit des Beckens und im Gang.

Ich möchte Sie einladen, mir bei einer Erfahrung körperbetonten Spiels zu folgen; wie könnte man den Körper besser befreien als dadurch, daß man ihm erlaubt zu spielen, dadurch, daß man sich selbst erlaubt, wieder kindlich zu sein, dadurch, daß man sich von den allzu engen Klammern eines körperfeindlichen, intellektuellen Denkmusters befreit.

Die Spieler beginnen, sich so frei, wie es ihnen im Moment möglich ist, zu bewegen.

Der Schlüssel, um aus diesem Dilemma herauszukommen, ist das Spiel. Im Spiel erlauben wir unserem Körper, sich gehen zu lassen, sich ohne den Maulkorb des Verstandes so auszudrücken, wie ihm gerade zumute ist. Beginnen wir also jetzt mit einem kleinen Spiel.

Wir müssen in der Körpersprache zwischen statischen und dynamischen Zeichen unterscheiden

Wie könnte man den Körper besser befreien als dadurch, daß man ihm erlaubt zu spielen

Durch eine Anordnung werden die freien Bewegungen, die die Spieler jetzt gerade ausführen, abgebrochen und die Spieler müssen sich aufgrund der neuen Anordnung koordinieren.

Zu den Spielern:
Dürfte ich euch darum bitten, daß ihr jetzt eine Acht geht, wobei der die Acht anführt, der sich dazu in der Lage sieht. Wer sich nicht dazu in der Lage sieht, der geht einfach hinterher.

Die Spieler sind verwirrt, und nicht in der Lage, sich selbst zu koordinieren.

Sie sehen jetzt, die Spieler haben ein ernstes Problem: In einer bislang gleichförmigen Gruppe wird plötzlich eine Hierarchie gefordert

Sie sehen jetzt, die Spieler haben ein ernstes Problem: In einer bislang gleichförmigen Gruppe wird plötzlich eine Hierarchie gefordert. Überordnung und Unterordnung werden plötzlich notwendig. Eine ganze Serie von körpersprachlichen Zeichen werden ausgesandt, um die Aufgabe korrekt zu erfüllen. Hier ein Blicksignal, ein Kopfnicken, dort eine verzögerte Bewegung, ein Handzeichen. Jeder ist bemüht, in dieser schwierigen Situation, die einen schnellen Ausgleich von verantwortlicher Unterordnung und verantwortlicher Führung verlangt, schnell und präzise zu kommunizieren.

Die Spieler haben es jetzt geschafft, und gehen auf der Bühne eine Acht.

Nach einem Zögern haben, wie Sie sehen, die Spieler diese für sie schwierige Aufgabe bewältigt, ohne ein Wort zu sprechen, nur mit körpersprachlichen Zeichen.

Ich gebe Ihnen nun einen entscheidenden Hinweis, mit dem Sie fremde und Ihre eigene Körpersprache, entschlüsseln können

Ich gebe Ihnen nun einen entscheidenden Hinweis, mit dem Sie fremde und Ihre eigene Körpersprache, wann immer Sie wollen, entschlüsseln können. Dieser Hinweis ist unglaublich einfach und darum so wirksam.

Es gibt zwei Urbewegungen, die die gesamten körpersprachlichen Zeichen in sich enthalten: das Öffnen und das Schließen. Ich bitte jetzt die Spieler zum nächsten Spiel.

Die Spieler stellen sich in einem Halbkreis auf, wobei sie darauf achten, daß immer ein Mann neben einer Frau steht. Die Frauen begeben sich in eine geschlossene, die Männer in eine ganz geöffnete Ausgangsposition. Alle beginnen jetzt, sehr langsam und in fließender Geschwindigkeit diese Urbewegungen auszuführen. Es ist sehr reizvoll zu sehen, wie Männer und Frauen sich gegenläufig öffnen und schließen. Sind die Frauen offen, sind die Männer geschlossen und umgekehrt.

Hochverehrtes Publikum, Sie sehen: wann immer die Männer offen sind, sind die Frauen zu, und wann immer die Frauen offen sind, sind die Männer zu. Wie Sie sehen, ist das ganz wie im richtigen Leben.

Heftiges Gelächter und Applaus.

Nach diesem kurzen Einblick in das Geheimnis männlich - weiblicher Mißverständnisse, kommen wir zurück zu unserem Thema: Körpersprache. So entschlüsselt sich ein scheinbar schwieriges Thema als sehr einfach. So leicht können Sie Körpersprache verstehen.

Sie brauchen nur noch herauszufinden, in welchem Stadium einer Bewegung Sie selbst sind, oder derjenige oder diejenige, den oder die Sie beobachten, bzw. den oder die Sie umfassend verstehen wollen. Ist er oder sie gerade dabei, sich zu verschließen, oder sich zu öffnen? Und schon haben Sie die elementarste Aussage innerhalb einer Kommunikationssituation. Wenn Sie gerade in einer Position verharren oder jemanden beobachten, der in einer Position verharrt, dann gilt es, zuerst genau diese Frage zu beantworten: ist dies eine offene oder eine geschlossene Position? Doch

Es gibt zwei Urbewegungen, die die gesamten körpersprachlichen Zeichen in sich enthalten: das Öffnen und das Schließen

Sie brauchen nur noch herauszufinden, in welchem Stadium einer Bewegung Sie selbst sind

17

niemand verharrt lange Zeit in ein und derselben Position. Die meiste Zeit befinden wir uns im Übergang. Wie das Ein- und Ausatmen in dauernd fließender Bewegung unseren Atem kennzeichnet, kennzeichnet das dauernde Öffnen und wieder Schließen unsere Körpersprache.

Wie das Ein- und Ausatmen in dauernd fließender Bewegung unseren Atem kennzeichnet, kennzeichnet das dauernde Öffnen und wieder Schließen die Körpersprache

An dieser Stelle möchte ich kurz innehalten, um Sie auf eine gefährliche Falle hinzuweisen.

Unglücklicherweise stellt der Verstand sofort die Frage, was ist denn besser, der geöffnete oder der geschlossene Zustand? Hier kommt eine Bewertung ins Spiel, die sich ausgesprochen ungünstig für den Beobachter der Körpersprache auswirkt: es geht die Kunde, daß der geöffnete Mensch der bessere, modernere, kurzum: der umfassend durchtherapierte sei.

Gelächter des Publikums.

Dies ist ein Irrtum. Die Körpersprache entzieht sich prinzipiell jeglicher Bewertung. Es gibt in der Welt der Körpersprache kein "gut" und kein "schlecht". Es ist einfach das, was ist. Warum müssen wir etwas beurteilen, was wir noch gar nicht kennengelernt haben?

Die Körpersprache entzieht sich prinzipiell jeglicher Bewertung

Wollen wir uns doch erst einmal auf den Weg machen, unsere eigene Körpersprache kennenzulernen. Haben wir diesen Weg beschritten und die eigene Körpersprache und die der anderen erst einmal kennengelernt, dann werden Sie spüren, daß das Interesse, Körpersprache zu be- oder zu verurteilen erlischt.

Wenn Sie beispielsweise von Ihrem Partner darauf hingewiesen werden, daß Sie „zu" sind, so sollte das auf keinen Fall den Impuls bei Ihnen freisetzen, daß Sie sich gleich öffnen.

„Zu-Sein" ist ein ganz normaler Zustand des Körpers und bedeutet nichts anderes, als daß Sie die

Fülle der Eindrücke verdauen und im Moment keine neuen Eindrücke aufnehmen wollen. „Offen-Sein" meint, daß Sie sich wieder bereit fühlen, neue Eindrücke aufzunehmen. Nicht mehr und nicht weniger bedeuten diese beiden Grundzustandsformen der Körpersprache.

Ich bitte Sie jetzt wieder, Ihre Aufmerksamkeit auf die Bühne zu lenken, auf der die Spieler sich immer noch öffnen und schließen. Nehmen Sie sich zur Beobachtung dessen, was Sie dort oben sehen, und was Sie in sich erleben, einige Minuten Zeit.

Um die Aufmerksamkeit des Publikums von sich selbst weg und hin auf die Bühne zu lenken, blickt der Redner selbst gespannt auf die Bühne.

Nach einer Weile:

Es ist für Sie jetzt ausgesprochen spannend gewesen, mit welcher Figur dort oben auf der Bühne Sie im Einklang waren, zu welcher Bewegungsform Sie sich hingezogen fühlten und von welcher Figur und von welcher Bewegungsform Sie sich abgestoßen fühlten. Diese Selbstreflexion gibt Ihnen einen ersten Hinweis darauf, ob Sie sich selbst mehr im geöffneten Zustand befinden oder mehr im geschlossenen.

Eine weitere kleine Übung soll Ihnen zeigen, wie Sie innehalten können, um festzustellen, in welcher körpersprachlichen Situation Sie sich gerade befinden.

„STOP!" *Der völlig überraschende Ruf des Redners stoppt die Spieler in ihren gleichmäßigen Erlebnisabläufen. Alle stehen wie erstarrt still, genau in der Haltung, in der sie während des „Stop Rufes" waren.*

Sie können jetzt, nachdem die Spieler innegehalten haben, auch innehalten, tief durchatmen und

"Zu-Sein" meint, daß Sie die Fülle der Eindrücke verdauen und "Offen-Sein" meint, daß Sie sich wieder bereit fühlen, neue Eindrücke aufzunehmen

Eine weitere kleine Übung soll Ihnen zeigen, wie Sie innehalten können, um festzustellen, in welcher körpersprachlichen Situation Sie sich gerade befinden

Dieses Sich-Selbst-Beobachten ist auf dem Weg, sich selbst unter dem körpersprachlichen Aspekt besser kennenzulernen, eine ausgesprochen wichtige Übung

versuchen herauszufinden, in welchem Gedanken, in welchem Gefühl und in welcher körperlichen Empfindung Sie sich jetzt gerade im Moment des Rufes befanden. Dieses Sich-Selbst-Beobachten ist auf dem Weg, sich selbst unter dem körpersprachlichen Aspekt besser kennenzulernen, eine ausgesprochen wichtige Übung. Plötzliches Innehalten und Anschauen, was wir da gerade mit unserem Körper alles darstellen und ausdrücken, läßt sich ohne großen Aufwand mehrmals täglich durchführen und eröffnet uns überraschende Erkenntnisse. Oft fühlen wir uns anders, als wir es körpersprachlich ausdrücken. Mit dieser Stop - Übung können wir spielend leicht Mißverständnisse in der Kommunikation aufdecken und nachvollziehen. Natürlich brauchen Sie das „Stop!" nicht laut zu rufen. Ein unhörbarer Impuls ist genauso wirksam, wenn Sie ihn befolgen.

Auf ein Zeichen hin lösen die Spieler ihre erstarrte Haltung auf. Viele, die in sehr unbequemer Haltung erstarrt waren, recken und strecken die Glieder und atmen tief durch. Die Spieler ziehen sich, Männer und Frauen getrennt, auf die zwei Bühnenseiten zurück.

Bei dieser Gelegenheit möchte ich Ihnen noch eine weitere, einfache Übung, mit der Sie Ihre eigene Körpersprache auf angenehme Art und Weise kennenlernen können, mit auf den Weg geben.

Wenn Sie heute Abend duschen, dann richten Sie es so ein, daß Sie dabei in einen Spiegel schauen können

Wenn Sie heute Abend duschen, dann richten Sie es so ein, daß Sie dabei in einen Spiegel schauen können. Dann lassen Sie eiskaltes Wasser auf sich laufen, und nun können Sie aufs genaueste beobachten, wie sich Ihr ganzer Körper und Ihre ganze Mimik zusammenziehen und verschließen. Wenn Sie also schön zusammengezuckt sind, und ganz verschlossen dastehen, dann stellen Sie anschließend das warme Wasser an, und Sie können jetzt beobachten, wie sich Ihr Körper und Ihre Mimik unter dem warmen Wasser ganz öffnen. Obwohl jeder diese Übung alleine durchführen kann, muß uns klar sein, daß sich Körpersprache im allgemeinen nicht offenbart, wenn wir alleine sind, sondern vor allem in der Begegnung mit anderen. Doch auch hier möchte ich nicht lange im Theoretischen verweilen, sondern gleich anhand einer Spielszene die Wichtigkeit körpersprachlicher Signale verdeutlichen.

Körpersprache offenbart sich vor allem in der Begegnung mit anderen

Nehmen wir also eine ganz normale Situation: Da ist vielleicht eine Veranstaltung, Theater oder ein Vortrag oder beides, und da gibt es eine Pause, und in dieser Pause gibt es zwei Menschen, die sich vom Äußeren her sympathisch finden und den Wunsch spüren, sich kennenzulernen.

Dies ist die Szenenbeschreibung für zwei Spieler, einen Mann und eine Frau, die sich jetzt in der Mitte der Bühne treffen und beginnen, die eben beschriebene Spielszene umzusetzen. Es beginnt eine ganz alltägliche Flirtsituation. Wann immer der Redner „STOP" ruft, erstarren beide in der Position, in der sie sich befinden, und der Redner erläutert die Körperhaltungen. Wenn die körpersprachlichen Signale sehr schnell und unbewußt erfolgen, bittet der Redner die beiden Spieler, diese Kommunikationsangebote noch einmal bewußt zu wiederholen. So wird dem Publikum und auch den Spielern sehr deutlich, wieviel wesentliche Informationen der Körper gibt. Nach dem Spiel ziehen sich die Spieler wieder in den Bühnenhintergrund zurück, und der Redner faßt zusammen:

Wann immer der Redner "STOP" ruft, erstarren beide in der Position, in der sie sich befinden, und der Redner erläutert die Körperhaltungen

Wir haben hier deutlich miterlebt, in welch klarer Ausdrucksweise der Körper eine Begegnung kommentiert, oder sollte ich sogar sagen: steuert. Wir

*So können wir
also sagen, daß der
Körper wesentlich
schneller kommuni-
ziert, als es die
Sprache kann*

*Wenn beide
Spielpartner den
gleichen Atemrhyth-
mus aufnehmen, also
Ein- und Ausatmen
gleichzeitig geschieht,
dann findet eine tiefe
Begegnung statt*

konnten deutlich beobachten, daß immer zuerst
der körpersprachliche Impuls erschien, und darauf-
folgend kam es zu einer verbalen Äußerung. So
können wir also sagen, daß der Körper wesentlich
schneller kommuniziert, als es die Sprache kann.
Ganz nebenbei möchte ich darauf hinweisen, wie
wunderbar es ist, daß sich hier Spieler, die in der
Lage sind, plötzlich innezuhalten, zur Verfügung
stellen, so daß wir Beobachtungen machen können, die uns weitaus tiefer bewegen als intellektu-
elle Analysen. Sehr klar konnten wir miterleben,
wie hartnäckig beide Spieler um den Punkt der
wirklichen Begegnung herumwanderten. Sie wollten beide das Gefühl haben, daß sie in einem gemeinsamen Gespräch beschäftigt sind, aber sie
wollten unbedingt einer Begegnung ausweichen.
Vielleicht zeigt uns das Spielerpaar noch einmal
zur Verdeutlichung den Punkt der wirklichen Begegnung.

*Die Spieler stellen sich geöffnet gegenüber und
achten darauf, daß sie sich genau in der Körper-
achse deckungsgleich gegenüberstehen. Sie atmen
gleichmäßig und entspannt.*

Nun richten wir unser Augenmerk auf den Höhe-
punkt körpersprachlicher Kommunikation: den
Atem. Wenn beide Spielpartner den gleichen
Atemrhythmus aufnehmen, also Ein- und Ausat-
men gleichzeitig geschieht, dann findet eine tiefe
Begegnung statt.

*Die Spieler atmen nun synchron, bis es ihnen zu-
viel wird, und sie Impulse der Abwehr spüren, denen sie spontan nachgeben.*

Wir sehen aber auch, daß den Spielern diese Übung
nicht leicht fällt. Sehr schnell konnten wir deutli-
che Abwehrhaltungen erkennen, womit die Spieler signalisierten, daß sie sich wieder aus dem Neu-

land der Begegnung in die eigenen vier Wände der gewohnten Ausdrucksweise zurückziehen wollten. Sozusagen als Ausgleich zeigen die Spieler jetzt den Höhepunkt der Abwehr. Wohlgemerkt, nicht um zu verletzen, sondern um sich selbst Raum zu geben, die soeben hereingelassenen Eindrücke zu verarbeiten.

Die Spieler nehmen jetzt bewußt eine Abwehrhaltung ein, die sich darin äußert, daß sie völlig aus der deckungsgleichen Achse herausgehen, das Becken abknicken, die Beine voreinander stellen, die Arme vor der Brust verschränken, und den Kopf so wegdrehen, daß kein Blickkontakt mehr möglich ist.

Das sieht ziemlich verletzend aus, aber Abwehr ruft nun mal unangenehme Gefühle bei dem hervor, gegen den sich die Abwehr richtet.

Sich zu öffnen und sich zu schließen, sind notwendige körperliche Signale, die wir lernen müssen, um uns so auszudrücken, wie wir verstanden werden wollen.

Die Spieler haben sich wieder in den Hintergrund der Bühne zurückgezogen.

Ich möchte nochmals auf die Kraft des Atems hinweisen, von der wir eben schon eine kleine Kostprobe erhalten haben. Der Atem ist das Tor in die eigene Innenwelt und ebenso das Tor in die Innenwelt des anderen. Meist unbewußt gleicht man seinen Atemrhythmus und seine Atemintensität dem Gegenüber an, wenn man herausfinden will, was der andere wirklich fühlt, was er wirklich empfindet.

Mit dem Atem zu lügen, ist sehr schwer, und deshalb nehmen wir den Atem als die ehrlichste Äußerung des anderen an. Auch Sie möchten heute Abend wissen, ob ich es ehrlich mit Ihnen meine,

Sich zu öffnen und sich zu schließen, sind notwendige, körperliche Signale, die wir lernen müssen, um uns so auszudrücken, wie wir verstanden werden wollen

Mit dem Atem zu lügen, ist sehr schwer, und deshalb nehmen wir den Atem als die ehrlichste Äußerung des anderen an

ob ich die Wahrheit sage, ob ich es aufrichtig meine. Kurz! Sie wollen wissen, wer ich bin. Das kann ich...

Der Redner bricht plötzlich ab und hält den Atem an. Es ist totenstill im Raum. Nach einer kurzen Weile fährt er fort.

...Ihnen an diesem Beispiel erläutern. Wann immer ich die Luft anhalte, halten Sie die Luft ebenfalls an. Ich kann dieses Beispiel beliebig oft...

Wieder bricht der Redner abrupt ab und hält für eine kurze Weile den Atem an.

... wiederholen, Sie werden immer mit mir den Atem anhalten, sofern Sie nach wie vor...

Wieder bricht der Redner ab und hält für eine kurze Weile den Atem an und wieder ist es totenstill im Raum.

... versuchen zu verstehen, was ich sage und herausfinden wollen, wie ich es meine. Ich hoffe, dieses eindrucksvolle Beispiel, das Sie soeben als eigene Erfahrung erlebt haben, ruft in Ihnen die Überzeugung hervor, daß der Atem ein wichtiger Schlüssel ist für das Gelingen einer erfolgreichen Kommunikation.

Der Atem ist ein wichtiger Schlüssel für das Gelingen einer erfolgreichen Kommunikation

Nun geht es weiter mit dem Thema, das uns seit Jahrtausenden beschäftigt: die Liebe!

Immer wieder zieht sie uns in neue Begegnungen und will uns mit sanftem Druck zwingen, jede Möglichkeit zu einer neuen Begegnung zu nutzen, ohne unsere alten Beziehungen zu vertiefen. Sie will vollständige Verschmelzung, und natürlich offenbart sich in der Liebe die Körpersprache am deutlichsten.

Gerade in der Liebe geraten wir in hochsensible Situationen, in denen uns ebenso häufig freudig wie schmerzhaft bewußt wird, daß wir einen Körper haben, mit dem wir Glück und Unglück über-deutlich wahrnehmen.

Wir wollen uns im Folgenden eine Spielszene he-raussuchen, die für frisch Verliebte besonders reiz-voll ist: die erste Berührung. Schauen wir uns also einmal an, wie eine erste Berührung spielerisch geschieht.

Das Folgende als Anweisung an die Spieler:
Stellen wir uns einmal vor: Mann und Frau sind sich sehr sympathisch. Sie waren einmal zusam-men essen, einmal schon spazieren, und heute waren sie im Kino, dann essen, und nun ergibt es sich, daß sie bei Vollmond im nahegelegenen Stadt-park spazieren gehen, und da steht eine Bank.

Unverzüglich beginnen die Spielerin und der Spie-ler, eine intensive Flirtszene darzustellen. Nach-dem sie einige Bemerkungen über die Situation und vor allem, wie schön sie ist, ausgetauscht ha-ben, beginnt er, näher an sie heranzurücken, und es ist sehr deutlich zu sehen, wie sie immer wieder bewußt oder unbewußt steuert, wo sie berührt wer-den will. Wenn der männliche Spieler sie an einer anderen Stelle berührt, als an der von ihr angebo-tenen, dann zuckt sie zusammen und verschließt sich. Als er aber einmal die von ihr „dargebote-ne" Schulter berührt, atmet sie wohlig und ent-spannt aus und „schmilzt dahin". Spontan klatscht das Publikum Beifall.

Hochverehrtes Publikum, wie Sie sehen konnten, ist es nicht einfach, die verlorengegangene Sensi-bilität der Körpersprache auf Befehl zu aktivieren - zumal 300 Zuschauer in dieser Situation noch eine heftige Belastung darstellen.

Gelächter und Applaus des Publikums.
Uns ist es wichtig, Ihnen zu zeigen, daß Körper-sprache zwar einfach ist und immer geschieht, daß

Wir wollen uns im folgenden eine Spiel-szene heraussuchen, die für frisch Verliebte besonders reizvoll ist

Als er die von ihr "dargebotene" Schulter berührt, atmet sie wohlig und entspannt aus und "schmilzt dahin"

ihr Einsatz aber dennoch geübt werden muß.

Während die Spieler sich zurückziehen, ...

Applaus für die Spieler

... lassen Sie mich ein wenig über die Grundlagen der Körpersprache in der Begegnung plaudern.

Es wird Ihnen sicher nicht leichtfallen, meine Behauptung zu akzeptieren, es gäbe so etwas wie eine Grammatik der Begegnung. Zu Ihrer eigenen Überraschung konnten Sie gerade in der Spielszene hier oben miterleben, wie exakt und sensibel wir auf körpersprachliche Signale reagieren. Unser Problem ist, daß wir sehr häufig Situationen im Alltag, körpersprachlich betrachtet, nicht nutzen, um unsere Wahrnehmung und Reaktionsfähigkeit zu sensibilisieren, sondern wir sind leider viel zuviel mit unserem Verstand beschäftigt, der völlig überfordert ist, körperliche Kommunikation nachzuvollziehen. Sehen Sie einmal genau zu mir.

Der Redner wandelt sich in einen Spieler und macht einige komplizierte und merkwürdige Bewegungen. Nachdem das Gelächter abgeebbt ist, tritt der Spieler zum Pult und ist wieder Redner.

Es ist Ihrem Verstand nur unter einem nicht zu rechtfertigenden Arbeitsaufwand von rund 20 engbeschriebenen Seiten möglich, genau zu beschreiben, welche Bewegungen ich Ihnen gerade vorgeführt habe. Jedes Kind, das ich fragen würde, was ich gerade gemacht habe, würde aufspringen und einfach nachahmen, was es gesehen hat. Erwachsene aber mühen sich minutenlang, mit Worten das zu beschreiben, was nicht genau zu beschreiben ist. Aber das ist noch nicht alles! Nicht nur der Verstand verhindert genaue körpersprachliche Wahrnehmungen, sondern auch unsere Gefühle sind an einer körpersprachlich präzisen Kom-

Es wird Ihnen sicher nicht leichtfallen, meine Behauptung zu akzeptieren, es gäbe so etwas wie eine Grammatik der Begegnung

Jedes Kind, das ich fragen würde, was ich gerade gemacht habe, würde aufspringen und einfach nachahmen, was es gesehen hat

munikation nur in den seltensten Fällen interessiert. Vielleicht ist es besser, wenn ich das sehr abgegriffene Wort „Gefühle" durch den Begriff „magische Bilderwelt" ersetze.

Denn ähnlich wie die Bilder eines Filmes suggerieren uns diese Bilder, daß alles anders wäre, als es wirklich ist. Aber die Wirklichkeit ist anders, als sie in unserem Heimkino abläuft. Deswegen überhören, übersehen, oder ganz genau gesagt, überspüren wir häufig die deutlichen Signale, die uns der andere gibt.

Doch nun zurück zur Sprache des Körpers in der Hochspannung einer Berührung. Ich komme hier auf den merkwürdigen Begriff „Grammatik der Gefühle" zurück.

Der Körper kennt drei Grundsignale: Ein Zurückzucken meint Ablehnung; ein Hineinatmen und Bewegen heißt Zuneigung; ein kommentarloses Stillehalten heißt Abwarten.

Ich möchte dies zum besseren Verständnis ausführlich schildern. Wenn ich neben einer Frau sitze und meine Hand auf die ihre lege, so ist das ein eindeutiges Zeichen und meint, daß ich körperlichen Kontakt suche. Es ist eine Anfrage. Eine Frage bewirkt eine Antwort. Die Frau hat nun drei Möglichkeiten. Die erste Möglichkeit: sie zieht ihre Hand weg und sagt damit, daß sie keinen körperlichen Kontakt will. Die zweite Möglichkeit: sie greift nach meiner Hand, oder dreht ihre Hand wohlig in der meinen. Dies bedeutet, daß sie meine Initiative heftig begrüßt, und mich aufmuntert, gleich weiter zu machen. Die dritte Möglichkeit: sie hält ihre Hand ganz still und nimmt die meine bewußt wahr. Dies bedeutet, daß sie mich weder ablehnt noch aufmuntert, den Kontakt zu intensivieren, sondern sich erst an diese neue Si-

Der Körper kennt drei Grundsignale: Ein Zurückzucken meint Ablehnung; ein Hineinatmen und Bewegen heißt Zuneigung; ein kommentarloses Stillehalten heißt Abwarten

tuation gewöhnen will, und die Zeit nutzt, um die Informationen, die meine Hand ihr gibt, in sich aufzunehmen. In der Tat erfährt sie, während meine Hand die ihre still berührt, eine ganze Menge über mich.

Die Wärme meiner Hand, die Beschaffenheit meiner Haut. Sie wissen selbst, wie peinlich es in dieser Situation ist, wenn man feuchte Hände hat. Sind sie dann auch noch kalt, entsteht eine sehr schwierige Situation. Doch noch eine weitere Information erhält die Frau über mich, und ich bin sicher, es ist die wichtigste Information. An der Art, wie sanft, ruckartig, fordernd, ängstlich oder zögernd sich meine Hand auf ihre legt, kann sie meinen momentanen Gefühlszustand spüren.

An der Art, wie sanft, ruckartig, fordernd, ängstlich oder zögernd sich meine Hand auf ihre legt, kann sie meinen momentanen Gefühlszustand spüren

Sie bemerken schon an der Ausführlichkeit, mit der ich diese dritte Möglichkeit schildere, daß ich diese unbedingt empfehle. Natürlich ist eine gewisse Sympathie für einander vorausgesetzt.

Weder eine schnelle Ablehnung noch eine schnelle Übereinstimmung ist zu empfehlen, sondern eine abwartende Haltung ist die optimale Ausgangssituation für eine gelungene Kommunikation. Ich möchte das Thema der Annäherung zwischen Mann und Frau nicht überstrapazieren. Es ist jedoch wichtig zu wissen, daß viele Probleme, die heute in diesem Bereich bereits manifest sind, mit dem Wissen, das wir eben aktiviert haben, sehr leicht zu überwinden sind.

Wer körpersprachlich behutsam voranschreitet, kann später nicht plötzlich, mir nichts dir nichts, überrascht werden. Je mehr beide, Mann und Frau, auf ihren Körper hören und ihn beachten und behutsam zu steuern lernen, umso sicherer gelingt es, Situationen zu einem gelungenen Kommunikationserlebnis zu gestalten.

Obwohl ich hier das Thema zwischen Mann und Frau eigentlich beenden wollte, sehe ich aber, daß Sie dieses Thema erhitzt, und wenn Sie sich jetzt sehen könnten, könnten Sie eine große Anzahl körpersprachlicher Zeichen bemerken, die alle große Begeisterung ausdrücken.

Wollen wir also das eben von mir Ausgeführte noch einmal vertiefen, und betrachten in unserer nächsten Spielszene die Situation, wie es zu einem Kuß kommt. Keine Angst, die Spieler werden sich natürlich nicht in echt küssen, aber sie werden solange üben, bis der Kuß geschehen kann. Bitte verstehen Sie mich nicht falsch. Sie sind hier in keiner Kußschule.

Zwischenruf aus dem Publikum: „Schade!" Gelächter und Applaus.

Sehr wach nehme ich das Bedürfnis nach einer solchen Schule wahr, aber die Zeit ist noch nicht reif. Wir nutzen in unserem Falle hier oben auf der Bühne den Kuß, um etwas Außergewöhnliches zu beobachten: Während der folgenden Spielszene erleben Sie, wie körpersprachlich ein Kuß „angerufen" werden kann, d.h. die beiden Akteure nehmen ganz bestimmte Körperhaltungen ein, oder anders gesagt, Winkel zueinander ein, die einen Kuß „erzwingen", oder schöner gesagt: geschehen lassen.

Zu den Spielern gewandt:
Bitte zum Kuß!

Zwei Spieler, ein anderes Paar als das, das gerade die erste Berührung gespielt hat, setzt sich auf die Parkbank. Sie halten sich an den Händen und kommen sich, indem sie das beachten, was vorher erläutert wurde, sehr nahe. Während die beiden miteinander sprechen, beginnen sie, halb unbewußt, ihre Körper „in bestimmte" Winkel zu bringen.

Beide Akteure nehmen ganz bestimmte Körperhaltungen ein, oder anders gesagt, Winkel zueinander ein, die einen Kuß "erzwingen", oder schöner gesagt: geschehen lassen

Plötzlich haben beide eine Position inne, die ideal für einen Kuß ist. Ihre Lippen bewegen sich aufeinander zu.

„Stop!" ruft der Spielleiter und die Spieler erstarren in der Position.

Hochverehrtes Publikum, auch wenn Sie mich jetzt alle mehr oder weniger wütend anschauen, da ich Sie bei etwas Seligem sehr heftig unterbrochen habe, ist es nötig, an dieser Stelle innezuhalten, um Ihnen etwas sehr Wichtiges zu verdeutlichen:

Wenn man seinen Körper auf sanfte Weise gehen läßt, dann findet er umso besser seinen Weg, je weniger er vom Verstand gegängelt wird

Wenn man seinen Körper auf sanfte Weise gehen läßt, dann findet er um so besser seinen Weg, je weniger er vom Verstand gegängelt wird. Ein Körper, dem der Verstand alles befiehlt, wird dadurch verletzt und letztlich auch verletzend.

Nehmen Sie doch bitte meinen Ratschlag an: Wann immer Sie sich in einer vertrauensvollen Atmosphäre befinden, kann sich Ihr Verstand entspannt zurückziehen, da Sie auf Ihren Körper vertrauen können, der, wenn Sie ihm verstandesmäßig nicht dazwischen funken, im geeigneten Moment genau das Richtige tut. Natürlich ist Ihnen auch sicherlich aufgefallen, daß es einen deutlichen Unterschied zwischen dem Verhalten der Frau und dem Verhalten des Mannes gab. Bitte haben Sie Verständnis dafür, wenn ich auf diese Beobachtung nur sehr allgemein eingehe, denn es ist heutzutage riskant, von "männlich" und "weiblich" zu sprechen, weil sich an diese beiden überstrapazierten Begriffe eine Unmenge Mißverständnisse heften, teils aus Unkenntnis, teils aus persönlichem Leid. Andererseits werden diese beiden Energien in vielen Kulturen als die zentralen, Leben erzeugenden und Leben erhaltenden Prinzipien verehrt und sind tief auch in uns Heutigen verwurzelt. Bei unseren Vorfahren waren es Sonne und Mond, also das Elektrische und das Magnetische; im asiatischen Raum das Yin, also das Weibliche, Hingabevolle, und das Yang, das Männliche, Schöpferische; in unserer heutigen Religion der Gottvater und die Himmelskönigin. In welche Kultur wir auch schauen, wir finden zwei Energieprinzipien, die entgegengesetzt sind, sich aber dennoch ergänzen und zu deren Wesen es gehört, etwas Drittes hervorzubringen. Es liegt mir fern, an dieser Stelle hinabzutauchen in die unendlichen Weiten menschlicher Symbolik. Wollen wir also wieder auftauchen an die Oberfläche der Sorgen und Nöte, aber auch der Freude menschlichen Verstehens und menschlicher Mißverständnisse. Wollen wir nun diese Szene des gelungenen Kußes verlassen.

Die beiden Spieler, die unterdessen, in der „Kußhaltung" verharrend, sitzengeblieben waren, entspannen nun. Tosender Applaus für die beiden, die es so lange ausgehalten hatten.

Ja, es ist eine hohe Kunst, kurz vor dem Ziel der Verschmelzung innezuhalten, um so die Spannung effektiv zu steigern. *Applaus.*

Doch nun zu einer nächsten Situation, in der es nicht so harmonisch verlaufen wird. Ebenso, wie wir das "Ja" und die Verschmelzung üben, müssen wir selbstverständlich auch das Nein und die Abgrenzung üben.

Im nächsten Spiel steht unser Pärchen vor einer wichtigen Frage: „Sollen wir oder sollen wir nicht - zu ihr in die Wohnung?" Ich weiß, daß heute in der selbstbefreiten Zeit alles anders ist, als es historisch gewachsen ist, aber lassen Sie mich dennoch ein Beispiel konstruieren, das ein wenig altmodisch, dafür aber um so ergreifender ist:

In welche Kultur wir auch schauen, wir finden zwei Energieprinzipien, die entgegengesetzt sind, sich aber dennoch ergänzen

Ebenso, wie wir das "Ja" und die Verschmelzung üben, müssen wir selbstverständlich auch das Nein und die Abgrenzung üben

Nach einem harmonischen und sehr anregenden Abend, an dem es viel Übereinstimmung gab...

Das Paar tritt auf die Bühne und stimmt sich ein, indem viele verbale Übereinstimmungen ausgetauscht werden: „Fandest du den Film auch so spannend?" „Ja, unglaublich spannend!" „Ich hatte richtigen Hunger auf Pizza." „Ja, sie hat fabelhaft geschmeckt." „Interessierst du dich auch für Astrologie?" „Ich finde sie sehr spannend, da ist auf jeden Fall was dran." „Ich tanze wahnsinnig gerne." „Ich könnte ohne Tanz gar nicht leben."

Nachdem es viele Übereinstimmungen gab, bringt der Herr die Dame noch nach Hause und vor der Haustür drängt er mächtig auf ein Glas Rotwein

... also, nachdem es viele Übereinstimmungen gab, bringt der Herr die Dame noch nach Hause und vor der Haustür drängt er mächtig auf ein Glas Rotwein, Kaffee oder wie man auch immer dazu sagen will. Sie ist sich - zumindest hier in unserer Spielszene - der Folgen bewußt und empfindet den Zeitpunkt als zu früh. Sie möchte den Partner aber keinesfalls verletzend zurückweisen, da sie ihm nicht wehtun will. Sie möchte der aufkeimenden Verliebtheit durchaus die Möglichkeit geben, sich in eine reife Liebe zu verwandeln. Also ist der Moment für eine körperliche Intensivierung der Beziehung zu früh und würde mehr zerstören als aufbauen. Der Körper drängt zwar mächtig, und der Mann hat nun plötzlich vom Kopf auf Körper umgeschaltet, wobei er das Gefühl wieder mal ausgelassen hat. Sie aber ist weitaus tiefer im Gefühl verwurzelt und hält gerade von dort aus eine tiefe Verbindung für zu früh und vor allem für zu schlecht vorbereitet. Aber was rede ich denn da, lassen wir doch das Leben selbst zu Worte kommen.

Das Pärchen spielt nun genau entlang der Vorgabe, und die weibliche Spielerin muß die Erfah-

rung machen, daß es wirklich sehr schwer ist, in diesem Moment die passenden Worte, Gesten und die angemessene Stimmlage zu finden. Immer wieder scheitert sie: entweder sie läßt sich überrumpeln, oder sie ist so hart, daß es verletzend wird, und er gekränkt zusammenzuckt. Es wird immer deutlicher, wie schwer es in dieser Situation ist, jemanden abzulehnen, ohne ihn zu verletzen.

Vielleicht sagen Sie jetzt, daß es zu schwer sei, all das, was in solch einem Moment in einem Menschen tobt, in ein vernünftig handhabbares Energiemodell zu verwandeln. Aber ich möchte Ihnen entgegenhalten: Es gibt nichts, das man nicht erlernen kann. Es ist nicht zuletzt oberstes Ziel aller meiner Vorträge und Kurse, die ich leite, das Bewußtsein dafür zu erhöhen, in welche Rolle man sich hat drängen lassen, und wie man den Weg aus dem eigenen Rollengefängnis herausfindet und über die Körpersprache wieder zu einer gelungenen Kommunikation gelangt.

Doch zurück zu unserem Spiel. Es ist sehr schwer abzulehnen, ohne zu verletzen. Warum müssen wir denn unbedingt ablehnen? Warum beharrte in unserem Spiel die Dame immer darauf festzustellen, was sie nicht wollte. Wieso führte sie mit immer heftigerer Stimme aus, was gerade nicht geschehen soll. Dieses pausenlose Kreisen um die Situation, die nicht geschehen sollte, stellt das, was nicht geschehen soll, in immer klarerer Deutlichkeit mitten in den Raum und erweckt beim Mann nur das Bedürfnis, daß das, was sie dauernd ablehnt, doch geschehen soll. Vielleicht kennen Sie alle den Klischeesatz der Männer: „Wenn eine Frau 'nein' sagt, meint sie 'ja'." Doch nun genug der Kritik und einen Ratschlag an die Dame: Wie wäre es, wenn Sie nicht sagen, was Sie nicht wol-

Oberstes Ziel aller meiner Vorträge und Kurse ist, das Bewußtsein dafür zu erhöhen, in welche Rolle man sich hat drängen lassen, und wie man über die Körpersprache wieder zu einer gelungenen Kommunikation gelangt

len, sondern sagen, was Sie wollen und es dann direkt, und, wenn es geht, mit Freude tun.

Kaum hat der Redner dies gesagt, nimmt die Spielerin die Idee auf und sagt strahlend zu dem Partner: „Ich danke für diesen wunderbaren Abend, ich bin jetzt so herrlich müde, gehe ins Bett und schlafe selig." Gesagt, getan, sofort nachdem sie das gesagt hat, schließt sie die Tür pantomimisch. Der Mann ist verdutzt, aber, wie er auf eine Frage aus dem Publikum antwortet, nicht verletzt.

Ich freue mich, daß hier oben auf der Bühne diese schwierige Situation doch noch geklärt werden konnte.

Doch nun gibt es noch etwas Begriffliches zu klären.

Wir Menschen verfügen über drei Welten, deren wir Herr oder Frau werden müssen. Das ist einmal die vom Verstand beherrschte Welt der Folgerichtigkeit. Die Grübelwelt, oder noch kürzer: der Kopf. Das ist zum anderen die empfindsame Welt der Sinne. Die Sinnenwelt, oder noch kürzer: der Körper. Und zum dritten die sicherlich sehr spannende magische Welt der bewegten Bilder. Die Bilderwelt, oder noch kürzer: das Herz. Damit ist auch schon erklärt, wo sich diese Welten befinden.

Auch hier wieder einen erläuternden Einschub zur Körpersprache: Es ist ausgesprochen wichtig, auf welcher Ebene sich bei einer Rede die Hände befinden.

Sind sie in der Welt der Sinne...

Der Redner hält die Hände unten auf der Höhe des Beckens.

... oder in der Grübelwelt...

Der Redner hält die Hände in Kopfhöhe.

... oder in der Bilderwelt?

Der Redner hält die Hände auf Herzhöhe.

Wir Menschen verfügen über drei Welten, deren wir Herr oder Frau werden müssen

Es ist ausgesprochen wichtig, auf welcher Ebene sich bei einer Rede die Hände befinden

Immer deuten die Hände darauf hin, welche Ebene angesprochen werden soll.

Kommen wir nun in unserem Vortrag zur nächsten Situation, die wir körpersprachlich beleuchten wollen: zur Katastrophe. Das Wort stammt aus dem Griechischen und meint Wendepunkt, genauer gesagt: der Moment, wenn beim Wagenrennen die Wettkämpfer in die dem Start gegenüberliegende Kehre einfahren und klar wird, daß und wie die Entscheidung fällt. Schreiten wir also mutig hinein in die Katastrophe.

Zu den Spielern gewandt.

Der erste Liebesrausch, der je nach Häufigkeit der Gemeinsamkeiten im Allgemeinen so um die drei Monate dauert, ist nun vorüber, und der alltägliche Lebensrhythmus fordert seinen Tribut. Das Pärchen lebt nun schon eine Weile zusammen, sagen wir so ein bis zwei Jahre. Es hat schon einige Enttäuschungen hinnehmen müssen und bislang alles tapfer verdrängt. Das alltägliche Zusammensein wird mühselig, da die Euphorie des Beginns, das Abenteuer des gemeinsamen Anfangs sehr viel Kraft geraubt hat, und jetzt einfach das Potential fehlt, um wieder solche Höhepunkte der Begegnung zu erreichen, wie dies anfangs spontan möglich war. Nun also: Die Körpersprache des zähen Alltags.

Ein Paar spielt nun eine Szene, in der sich sehr deutlich eine dauernde, schwelende Genervtheit unter der freundlich-konfliktscheuen Oberfläche offenbart. Immer wieder wird versucht, dem Partner „eins auszuwischen", d.h., ihn für die mangelnde Lebensfreude verantwortlich zu machen.

Es ist ausgesprochen wichtig, zu verdeutlichen, daß diese beiden hier oben auf der Bühne genau wie viele Menschen draußen im Leben miteinan-

Das Wort "Katastrophe" stammt aus dem Griechischen und meint Wendepunk

Das alltägliche Zusammensein wird mühselig, da die Euphorie des Beginns, das Abenteuer des gemeinsamen Anfangs sehr viel Kraft geraubt hat

Konflikte werden vermieden, weil in einem falschen Verständnis von Liebe immer nur die schönen Seiten erlebt werden wollen

der umgehen. Konflikte werden vermieden, weil in einem falschen Verständnis von Liebe immer nur die schönen Seiten erlebt werden wollen, während die eigentliche, tiefe und unbedingt notwendige Auseinandersetzung mit der Partnerin oder dem Partner immer wieder verschoben wird, oder klarer formuliert: verdrängt wird. So flieht man im Allgemeinen in Kinoabende, Essen gehen, gemeinsame Urlaubserinnerungen, und oft auch: Alkohol.

Doch wollen wir sehen, wie es an jenem Punkte aussieht, an dem sich Verdrängungen - die ja enorme Kraft kosten - nicht länger aufrechterhalten lassen, weil die Kraft dazu fehlt. Verdrängungen lassen sich nur aufrechterhalten, wenn beide Partner genügend Kraft dazu haben. Explosionen erfolgen immer dann, wenn einer der Partner durch ein inneres oder äußeres Ereignis Kraft verloren hat, und die geheime Vereinbarung, Frieden um jeden Preis, nicht mehr aufrechtzuerhalten ist. Dann kommt es zur Katastrophe, zur unvermeidlichen Explosion.

Zu den Spielern gewandt:

Nehmen wir als Anlaß für unsere Alltagskatastrophe eine kleine Eifersüchtelei

Nehmen wir als Anlaß für unsere Alltagskatastrophe eine kleine Eifersüchtelei: Am Samstagabend waren beide auf einem Geburtstagsfest, und einer der beiden hat heftig geflirtet. Man ist dann sehr sauer nach Hause gefahren. Nun ist es 2 Uhr nachts, und es liegt etwas in der Luft, das schon nach kurzer Zeit explodiert.

Und nun beginnt euer Spiel und achtet darauf, daß die Explosion keine Implosion wird - wie so oft im Leben. Ebenso achtet darauf, daß ihr keinen allzu langen Vorlauf braucht, sondern bald zur Sache kommt - und zwar heftig. Die Spieler, die sich bereiterklären, diese Phase zu spielen, sollten diejenigen sein, die sich auch im Leben mal trauen loszutoben.

Natürlich wird wild und unkommunikativ herumgetobt. Jeder der Spieler versucht, sich verzweifelt aus der Schußlinie zu bringen. Verletzungen und Gekränktheiten machen sich Luft und man sucht, dem Partner die Schuld hierfür in die Schuhe zu schieben. Heftige Schuldzuweisungen werden hin und her geschrien, geheult und geschluchzt.

Hochverehrtes Publikum, Sie waren gerade Zeuge einer sehr unergiebigen, aber dafür umso verletzenderen Auseinandersetzung. Wenn also die Dornenhecke um die Herzen der einstmals Liebenden durch jahrelange, unbewußt zugefügte Verletzungen mächtig gewachsen ist, dann sollte es doch möglich sein, daß um das, was einmal war, eine exakte Auseinandersetzung geführt wird mit dem Ziel, ein vernünftiges Gespräch zu führen, das die Versöhnung einleiten kann.

Es wurde gerade bewußt oder unbewußt gezeigt, wie eine Auseinandersetzung nicht geführt werden sollte. Beide Partner versuchten mit all ihrer Kraft, ihre Sicht der Situation, koste es, was es wolle, durchzusetzen. Sie waren nicht bereit, gemeinsam zu einer neuen Sicht zu verschmelzen. Mit aller Macht versuchten sie, sich durchzusetzen und nutzten gerade hierfür, wie wir gesehen haben, auch alle Register körpersprachlicher Ausdrucksmöglichkeiten, die den Partner verletzen mußten. Wir haben gesehen, wie sie sich voneinander wegdrehten, sich den Rücken zuwandten, sich nicht anschauten, ja manchmal sogar bewußt wegschauten. Sie aktivierten alle körpersprachlichen Zeichen der gegenseitigen Mißachtung.

Nun aber wollen wir in aller Ruhe die Auseinandersetzung auf ihrem wirklichen Höhepunkt un-

Beide Partner versuchten mit all ihrer Kraft, ihre Sicht der Situation, koste es, was es wolle, durchzusetzen

Sie aktivierten alle körpersprachlichen Zeichen der gegenseitigen Mißachtung

tersuchen, also dort, wo beide Partner alles riskieren oder, um es weniger kämpferisch, dafür aber umso philosophischer auszudrücken: sich selbst riskieren.

Zu den Spielern:
Könntet ihr bitte beide auf dem Höhepunkt der Spannung noch einmal den Kernvorwurf sprachlich ausdrücken, um dann die Luft einzuatmen und anzuhalten, also auch im Körper das Zeichen für höchste Anspannung und Bereitschaft zum Kampf zu setzen. Sodann schaut ihr euch gespannten Körpers an und haltet die Spannung, solange ihr könnt. Spannung zu halten heißt in diesem Fall, einfach die Luft anzuhalten. Wer als erster ausatmet, setzt das Zeichen der Hingabe und öffnet die Möglichkeit zur Versöhnung. Also bitte, alles auf eine Karte!

Dennoch möchte ich darum bitten, daß die Spieler keineswegs die Luft zu lange anhalten. Es ist kein Luftanhaltewettkampf, sondern ein Demonstrieren, daß man zu allem entschlossen ist. Und noch etwas: Wenn ein Spieler ausatmet, sich also hingibt, dann sollte er weder seinen körperlichen Impuls überspielen, noch ihn betonen, sondern ihn einfach geschehen lassen.

Nun bitte ich die Spielerin und den Spieler, sich dieser Situation auszusetzen und einen wirklichen Kampf mit Entschlossenheit zu riskieren. Ich möchte darauf hinweisen, daß weder das Geschlecht, noch das Atemvolumen eine Rolle spielen, sondern lediglich die Willenskraft, oder anders gesagt, die Motivation.

Beide stehen sich gegenüber. Sie sagt: „Hau ab!" und hält direkt danach die Luft an. Er sagt: „Nein!" und hält dann seinerseits direkt die Luft an. So stehen sie sich dann in eingeatmetem Zu-

Wer als erster ausatmet, setzt das Zeichen der Hingabe und öffnet die Möglichkeit zur Versöhnung

Nun bitte ich die Spielerin und den Spieler, sich dieser Situation auszusetzen und einen wirklichen Kampf mit Entschlossenheit zu riskieren

stand gegenüber. Im Raum herrscht Höchstspan-
nung, denn jeder der Zuschauer hält die Luft an.
Dann atmet der Spieler aus. Er kapituliert vor der
Entschlossenheit der weiblichen Spielerin. Sobald
er ausatmend entspannt, atmet sie auch aus, und
ehe sich's beide versehen, liegen sie sich in den
Armen.

Wie Sie sehen, sehr verehrte Damen und Herren,
folgt auf einen wirklich offen und ehrlich durch-
fochtenen Kampf meistens die Versöhnung. Sie
sehen also: Wer alles riskiert und sich in einer Auseinandersetzung stellt, kann alles gewinnen. Doch
ich glaube, es ist nun an der Zeit, Ihnen Raum zu
gewähren, um über all diese Aussagen, die Ihre
Privatsphäre betreffen, nachzudenken. Lassen Sie
uns eine kleine Pause durchführen, in der wir alle
gemeinsam dreimal tief durchatmen.

Alle atmen hörbar gemeinsam dreimal tief ein und
tief aus.

Verlassen wir also nun die private Ebene, in der
die Körpersprache eine existentielle Wichtigkeit
für jeden von uns besitzt. Wenden wir uns jetzt
gegen Ende des Vortrags dem Bereich zu, in dem
wir die Erkenntnisse der Körpersprache wirkungsvoll anwenden können: dem öffentlichen Berufs-
leben. Hier selbstbewußt auftreten zu können, ist
für viele Menschen ein wertvolles Ziel.

Selbstbewußtsein schließt alle Äußerungen des
Selbst ein: von der Atmung über die Stimme bis
zu Körperhaltung und der Kleidung. Wenn all diese
Aspekte einer Persönlichkeit stimmen, sprechen
wir von der beeindruckenden Ausstrahlung.

Anhand der folgenden Geschichte möchte ich Ihnen zeigen, wie Wissen über die Körpersprache in
die berufliche Ebene eines Menschen integriert
werden kann: Vor Jahren kam einmal eine jüngere

Wer alles riskiert und
sich in einer Ausein-
andersetzung stellt,
kann alles gewinnen

Selbstbewußtsein
schließt alle Äußerun-
gen des Selbst ein:
von der Atmung über
die Stimme bis zu
Körperhaltung und
der Kleidung

Dame in einen Körpersprachekurs zu mir, da sie, trotz mächtigen Wissens, in einer Heilpraktikerprüfung schon zweimal durchgefallen war. Kolleginnen von ihr hatten bestanden, obwohl diese weniger wußten. Wir ermöglichten ihr in diesem Kurs eine Spielszene, in der sie ihre Prüfungssituation nachspielen konnte. Sie nutzte die Gelegenheit und spielte - wie sie selbst sagte - so echt wie möglich. Sehr bald bemerkten wir, daß sie gegenüber der amtsärztlichen Autorität, also dem Prüfer, einen sehr aufsässigen Ton annahm. Unbewußt wollte sie dem Amtsarzt beweisen, daß die gesamte Schulmedizin unglaubwürdig sei, während die von ihr vertretene Heilkunde das einzig Wahre sei. Dies ließ sich der Amtsarzt nicht bieten und quittierte diesen unbewußten Angriff des Prüflings mit einer klaren Verweigerung der Qualifikation.

Unbewußt wollte sie dem Amtsarzt beweisen, daß die gesamte Schulmedizin unglaubwürdig sei, während die von ihr vertretene Heilkunde das einzig Wahre sei

Immer wieder machte ich der Dame bewußt, daß sie unbedingt das eine vom anderen trennen sollte: Eine Prüfung zu bestehen, ist eine Sache, und den Prüfer zu belehren, eine andere.

Nachdem der Dame dies bewußt geworden war, hatte sie im nächsten Anlauf ohne die geringsten Probleme Erfolg. Mit der besten Note hatte sie im dritten Versuch die Prüfung zur Heilpraktikerin bestanden. Zwar glaubte sie immer noch, daß die Schulmedizin keine kompetenten Antworten zu bieten habe, aber sie hatte darauf verzichtet, in der Prüfung den Prüfer davon überzeugen zu wollen, daß er ein Vollidiot sei.

Soweit zu dieser Geschichte. Nun wollen wir uns aber auf unser Thema „Anwendung der Körpersprache im beruflichen Alltag" konzentrieren.

Als Beispiel, um das Gesagte körpersprachlich gut darzustellen, nehmen wir ein Bewerbungsgespräch.

Hier geht es zunächst schlicht und einfach darum, sein Licht nicht unter den Scheffel zu stellen. Es kommt darauf an, den Mut zu aktivieren, sich selbst vorteilhaft anzupreisen. Ich denke, daß ich vielen von Ihnen bislang den Zweifel, den Sie über die Wichtigkeit und Wirksamkeit der Körpersprache hegen, nicht so recht nehmen konnte. Bis zu unserem neuen Themenbereich ging es ja bislang hauptsächlich um die Liebesbeziehung, die eher als privat und individuell sehr unterschiedlich wahrgenommen wird. Im folgenden Spiel „Das Bewerbungsgespräch" möchte ich Ihnen überzeugend zeigen, wie bewußte Körpersprache eingesetzt werden kann, um die Situation optimal zu gestalten. Die Spieler sind aufgefordert, in dieser letzten Spielszene „Das Bewerbungsgespräch" die Erfahrungen der vorherigen Spielszenen miteinfließen zu lassen, so daß wir eine Komposition allen körpersprachlichen Wissens und aller Erfahrung im Folgenden sehen können.

Zu den Spielern gewandt:
Ich bitte deshalb die Spieler, durchaus bewußt die körpersprachlichen Zeichen und Symbole einzusetzen. In dieser letzten Spielszene geht es uns nicht so sehr darum, ganz die Wirklichkeit darstellen zu wollen, sondern großes Bewußtsein auf unsere körpersprachliche Präsenz zu legen.

Die Spieler spielen diese Spielszene mit einer sehr hohen Rücksicht auf die körperlichen Aktionen. Es ist deutlich spürbar, daß sie „aus dem Körper heraus sprechen", d.h., daß sie zuerst in ihren Körpern fühlen, und dann erst sprechen. Es entsteht ein sehr würdevolles Gespräch, in dem beide Spieler wirklich herausfinden wollen, ob der neue Job, eine Einstellung in ein Werbebüro, zu diesem Zeitpunkt stimmig ist. Immer wieder ist zu spüren,

Im folgenden Spiel "Das Bewerbungsgespräch" möchte ich Ihnen überzeugend zeigen, wie bewußte Körpersprache eingesetzt werden kann, um die Situation optimal zu gestalten

daß die Spieler großen Wert darauf legen, sich bewußt zu machen, daß nonverbale Kommunikationsangebote ausgesprochen wichtig sind: wie groß ist der Abstand zwischen beiden? Wer steht, wer sitzt? Wer schlägt die Beine, wann übereinander? Wer verschränkt die Hände wann vor der Brust? Auf welcher Körperebene befinden sich gerade die Hände, in welcher Geste? Wie ist der Atem, entspannt, hektisch, angespannt oder sogar angehalten? Gehen die Gesprächspartner mit ihrer Körperhaltung, Mimik, Gestik auf den anderen ein, indem sie ihn leicht nachahmen oder gehen sie in die entgegengesetzte Haltung, um eine Konfrontation vorzubereiten? Das Spiel kommt nach einer Weile zu einem harmonischen Ende. Ein heftiger und herzlicher Applaus begleitet beide von der Bühne.

Sehr verehrte Damen und Herren, ich höre an diesem beeindruckenden Applaus, daß der Abend erfolgreich war und für Sie eine beglückende Erkenntnis bereitgehalten hat: Körpersprache ist ein wichtiger - wenn nicht sogar der wichtigste - Baustein einer gelungenen Kommunikation.

Zu dieser Überzeugung sind wir nun gemeinsam gelangt. Vielleicht denkt die eine oder der andere: „Nun habe ich noch mehr Streß und muß mich nicht nur fachlich vorbereiten, um in Topform zu sein, sondern auch noch auf alles andere achten, das wird mir zuviel." Wenn Sie zu dieser Überzeugung gelangt wären, dann wäre das fatal. Mit allem Nachdruck möchte ich Sie darauf hinweisen, daß Körpersprache nicht etwas ist, „was jetzt noch dazukommt", sondern Körpersprache ist etwas, was schon da ist und nur darauf wartet, beachtet zu werden. Noch einmal: Körpersprache soll nicht „gelernt werden", sondern sie will nur „be-

Körpersprache ist ein wichtiger - wenn nicht sogar der wichtigste - Baustein einer gelungenen Kommunikation

obachtet werden", sodaß Sie noch viele weitere Aspekte einer Kommunikationssituation ausschöpfen können. Das Wissen stellt sich von alleine ein. Noch einmal: Sie brauchen Körpersprache nicht zu lernen, sondern nur zu beachten. Dann wird Ihnen intuitiv klar werden, daß eine verschlossene Körperebene Distanz bedeutet, und eine offene Körperebene Zuneigung. Sie werden begreifen, daß eine ähnliche Körperhaltung, die zwei Kommunikationspartner einnehmen, bedeutet, daß sie sich verstehen und Verständnis voraussetzen, und Sie werden weiter verstehen, daß das Einnehmen einer entgegengesetzten Körperhaltung zwischen zwei Kommunikationspartnern bedeutet, daß sie sich in einer - manchmal sehr notwendigen - Dissonanz befinden, die sich nach einer neuen, „höheren" Harmonie sehnt.

Vor allem aber werden Sie verstehen, daß in einer „festgefahrenen Kommunikationssituation", und wir alle kennen solche Situationen, in denen sich im Gespräch „nichts bewegt", sich eine große Hilfe anbietet: Atmen Sie tief durch, und gönnen Sie Ihrem Körper die Bewegung, eine Geste, oder Haltungsänderung, die er gerade machen will. Sie werden sehen, daß auf diese Weise jede erlahmte Kommunikation sofort wieder in den ersehnten Schwung kommt. Mit diesem von Herzen kommenden Ratschlag, möchte ich zum Schluß kommen.

Zu den Spielern gewandt:
Die Spieler laufen nun zu ihrer und unserer Entspannung wieder im Kreis, atmen und gehen so entspannt wie möglich.
Die Spieler gehen im Kreis und lächeln entspannt. Es ist ihnen anzusehen, daß eine Belastung von ihnen gewichen ist. Der Redner spricht weiter,

Körpersprache soll nicht "gelernt werden", sondern sie will "beobachtet werden"

Atmen Sie tief durch, und gönnen Sie Ihrem Körper die Bewegung, eine Geste, oder Haltungsänderung, die er gerade machen will

während die Spieler im Kreis gehen.
Körpersprache ist der wichtigste Aspekt der Kommunikation. Ohne sie ist Kommunikation ein Austausch von Fakten. Wer sich nur für Fakten interessiert, der geht am Leben in seiner Vielfältigkeit vorbei, und er kreiert eine Welt, so wie sie heute aussieht: beschränkt in vieler Hinsicht. Wer für sich selbst und auch für andere an einer neuen Welt mitarbeiten will, eine Welt der Kinder, eine Welt der Freude, eine Welt der verfeinerten Kultur, die jedem Menschen mehr kreativen Spielraum zugesteht, der wird mit ganz kleinen Schritten beginnen: sich selbst neu zu entdecken als einen Menschen, der sein Sein Tag für Tag deutlicher ins Bewußtsein hebt.

Dankend wende ich mich nun zu den Spielern, die so mutig in sich selbst hinabgetaucht sind. Und zum Abschluß möchte ich die Spieler jetzt bitten, eine Acht zu gehen, wobei der- oder diejenige vorangeht, der oder die sich dazu in der Lage sieht. Wer noch nicht führen kann, der folgt!

Ohne Absprache gelingt es nun den Spielern, sofort flüssig eine Acht zu gehen.

So können wir also sehen, wie dieser Vortrag heute abend auf die Spieler gewirkt hat. Die Aufregung des Anfangs ist geschwunden, das Vertrauen, das sich entwickelt hat, trägt Früchte, und ich fasse den Abend in einem einzigen Satz zusammen: Körpersprache ist keine Technik, die man lernen kann, sondern sie ist das Vertrauen, zu sich selbst zu stehen. Vielen Dank für Ihr Vertrauen und: Auf Wiedersehen.

Langanhaltender, tosender Applaus, in dem der Redner immer wieder auf die Spieler weist, die sich sichtlich gelöst verbeugen.

Das Licht geht langsam aus.

Ohne die Körpersprache ist Kommunikation ein Austausch von Fakten

Körpersprache ist keine Technik, die man lernen kann, sondern sie ist das Vertrauen, zu sich selbst zu stehen

44

Die sieben Regeln zur lebendigen Kommunikation

Einleitung.

Vor allem in Trainings zur "Körpersprache und Kommunikation" wollten die Teilnehmer immer wieder Regeln haben, damit sie etwas hätten, das sie schwarz auf weiß und also getrost nach Hause tragen könnten. Sehr bald bemerkte ich, daß mein Sträuben von ihnen nicht verstanden wurde, und gab nach. Allerdings waren das, was ich anbot, keine Regeln im üblichen Sinne, sondern lediglich Hinweise, worauf sie achten sollten. Korrekterweise sollten sie "Die sieben Hinweise zur genauen Beobachtung der Körpersprache" heißen, und sinnigerweise beginnen auch alle sieben Regeln mit der gleichen Aufforderung: "Achte...!", denn sie klären ausschließlich das, worauf man achten sollte.

Korrekterweise sollten die sieben Regeln „Die sieben Hinweise zur genauen Beobachtung der Körpersprache" heißen

Ich betone nochmals, Körpersprache ist nichts Fremdes, das wir erlernen müssen, sondern es gehört zu uns - wie unser Körper! Von Kindesbeinen an sind wir gewohnt, nahezu alle Eindrücke und Ausdrucksformen körperlich und körpersprachlich zu gestalten. In der Pubertät allerdings erleben wir eine Trennung vom Körper: sehr heftig sind wir einer Bewertungsmaschinerie ausgesetzt, die uns einredet, was hübsch und häßlich ist und Ideale kreiert, die wir nie erreichen können. Körpersprache ist also nichts, das man neu lernen müßte, sondern man sollte sich nur wieder erinnern, wie man früher kommunizierte, bevor uns der unbeschwerte Umgang mit dem Körper geraubt wurde.

Körpersprache ist also nichts, das man neu lernen müßte

Die sieben Regeln zur lebendigen Kommunikation sind aus dem Bedürfnis heraus entstanden, etwas zu erschaffen, das Orientierung in einer Kommunikationssituation bietet. Denn Orientierung ist notwendig, will man nicht weggeschwemmt werden von eigenen unbewußten Vorurteilen, Mißverständnissen und unverdauten Gefühlen, die oft die Kommunikation viel mehr bestimmen, als wir wahrhaben wollen.

Körperhaltungen, Blicke, Bewegungen, Sprache, Stimme, Atem, Timing und Stimmigkeit in unser Kommunikationserlebnis miteinzubeziehen, bringt uns einen erheblichen Gewinn: schneller, klarer und feinsinniger erkennen wir verborgene Hintergründe der Situation und unserer eigenen Innenwelt und können uns einen enormen Zeitaufwand dadurch ersparen, daß wir uns schnell und präzise auf die Situation einstellen und so den größten Nutzen aus ihr ziehen.

Körperhaltungen, Blicke, Bewegungen, Sprache, Stimme, Atem, Timing und Stimmigkeit in unser Kommunikationserlebnis miteinzubeziehen, bringt uns einen erheblichen Gewinn

Die sieben Regeln sind entstanden, um über den üblichen Rand alltäglicher und beruflicher Kommunikationssituationen zu schauen und weitere und tiefere Informationen über sich und das Gegenüber zu erhalten.

In einer Zeit, in der der Spruch "Zeit ist Geld" noch nie so aktuell war, ist die Möglichkeit, schneller und präziser Entscheidungen zu treffen, Gold wert. Gerade heute, in einer Zeit, in der die Wirtschaft in einem tiefgreifenden Wandel begriffen ist, ist die Kommunikationsfähigkeit aller Mitarbeiter eines Unternehmens der entscheidende Erfolgsfaktor.

Die Kommunikationsfähigkeit aller Mitarbeiter eines Unternehmens ist der entscheidende Erfolgsfaktor

Die sieben Regeln, die im Folgenden formuliert werden, bestehen aus jeweils einer ganzen Serie von Fragen, die den Zweck haben, die Wahrnehmung des Beobachters optimal zu lenken, so daß er lernt, auf vieles Rücksicht zu nehmen, wenn er versucht, eine Situation wirklich einzuschätzen. Jeweils auf eine Regel folgen dann Tagebuchblätter, die es dem Übenden leicht machen, seine tag-

Gerade im Bereich der Körpersprache sind Beobachtungen und deren Auswertungen besonders aufschlußreich

täglichen Beobachtungen zu strukturieren. Gerade im Bereich der Körpersprache sind Beobachtungen und deren Auswertungen besonders aufschlußreich. Allerdings lauern auch hier die allergrößten Widerstände: wer unangenehme Botschaften, die er selbst ausstrahlt und auch empfängt, nicht wahrhaben will, der wird naturgemäß nicht genau wahrnehmen wollen, was andere und er selbst ausstrahlen, also wird er sich in seiner Forschung versuchen, selbst zu betrügen.

So absurd es ist, aber der Mensch hat eine enorme Fähigkeit, sich selbst zu vernebeln und nur das wahrzunehmen, was in seine Welt, die er sich in Kindheit und Jugend zurechtgezimmert hat, ohne Ecken und Kanten paßt. Angebote, den Blickwinkel zu verändern, nimmt der Mensch nur sehr widerwillig wahr - wenn überhaupt.

Das eben Gesagte ist nicht als allgemeines Gejammer über den Unwillen des Menschen, sich selbst zu erkennen, zu verstehen, sondern als ernstgemeinter Hinweis, sich diese unglückliche Grundhaltung des Menschen gerade im Hinblick auf die Körpersprache immer wieder bewußt zu machen. Jeder Mensch versteht intuitiv die Körpersprache der andern, aber häufig will er sie nicht verstehen, da das richtige Verständnis nicht immer den eigenen Charakter im allerreinsten Licht erscheinen läßt.

Um Körpersprache also tief zu verstehen, gilt es, auch Unwägbarkeiten im eigenen Charakter anzunehmen

Um Körpersprache also tief zu verstehen, gilt es, auch Unwägbarkeiten im eigenen Charakter anzunehmen. So wird Körpersprache zu einem wirkungsvollen Instrument der Selbsterkenntnis, auch im Hinblick darauf, daß die eigene Körpersprache das Gegenüber beeinflußt.

Bei der Beobachtung körpersprachlicher Symbole geht es nicht darum, etwas Neues zu erlernen, sondern darum, sich an ein altes Wissen zu erinnern, das in uns ruht und nur aktiviert werden muß.

Es folgen nun die sieben Regeln:

1. Achte auf die Körperhaltung und den Körperabstand!

2. Achte auf Bewegungen!

3. Achte auf den Blick!

4. Achte auf eine bilderreiche Sprache und eine ausgewogene Stimme!

5. Achte auf den Atem!

6. Achte auf das Timing!

7. Achte auf die Stimmigkeit der Situation!

Noch ein Hinweis für Trainer in Kursen und Trainings für Körpersprache und Kommunikation. Fragen zu den einzelnen Regeln bilden die Grundlage zur Deutung einer Spielszene. Wer diese Fragen, die nur einen kleinen Ausschnitt darstellen, als Leitlinie zur Deutung ernst nimmt, dem werden sich ungeahnte Tiefen auch in seinem eigenen Charakter offenbaren.

Die anschließenden Tagebuchblätter sind gedacht zu einer weiteren Vertiefung der Fähigkeit, körpersprachliche Zeichen bei sich und anderen zu erforschen.

Bei der Beobachtung körpersprachlicher Symbole geht es darum, sich an ein altes Wissen zu erinnern, das in uns ruht und nur aktiviert werden muß

Erste Regel:
Achte auf die Körperhaltung
und den Körperabstand!

Körperhaltung und Körperabstand bilden die Basis unserer Beobachtungsserie, mit der wir die Wachheit für die Situation erhöhen wollen

Körperhaltung und Körperabstand bilden die Basis unserer Beobachtungsserie, mit der wir die Wachheit für die Situation erhöhen wollen. Die folgenden Fragen sollen das Bewußtsein zu Beginn einer Kommunikationssituation auf die Grundhaltungen der Körper lenken.

Bitte unbedingt beachten: Die hier gestellten Fragen sollten Sie mit der gleichen Intensität auch auf sich selbst beziehen.

Steht mein Gegenüber aufrecht, oder ist er eher eingesunken? Wirkt seine Figur auf mich sympathisch, oder ist er zu dick, zu dünn? Steht er frei, oder lehnt er sich an? Hat er das Becken eingeknickt, stehen die Füße nebeneinander, oder machen sie einen Schritt? Sind die Arme vor der Brust verschränkt, oder offen? Halten die Hände etwas fest, sind sie in den Hosentaschen, oder entspannt an der Körperseite? Hält er den Kopf gestreckt nach oben, ist der Kopf eingesunken, oder zur Seite geneigt? Ist der Körperabstand des Gegenübers ideal, d.h., fühle ich mich wohl?

Habe ich bedacht, daß in Europa der höfliche Abstand in der Kommunikation eine Armeslänge beträgt, daß aber andere Kulturen andere Körperabstände als ideal empfinden?

Ist mir das Gegenüber zu nahe, d.h., habe ich das Bedürfnis, nach hinten auszuweichen, um den „richtigen" Körperabstand herzustellen?

Ist das Gegenüber zu weit entfernt, habe ich das Bedürfnis, ihm näher zu kommen, um den „richtigen" Körperabstand herzustellen?

Übungsteil

1. Wie ist meine eigene Körperhaltung?

Bitte beschreiben Sie entlang des kleinen Fragenkatalogs auf S. 50 Ihren eigenen Körper. Verschaffen Sie sich zuerst vor einem großen Spiegel einen intensiven Eindruck und schreiben Sie direkt und ungeschminkt.

2. Welche Empfindungen und Gefühle habe ich beim Betrachten meines Körpers?

Bitte beschreiben Sie genau Ihre Empfindungen und Gefühle, die in Ihnen aufstiegen, als Sie sich weder beschönigend noch verurteilend im Spiegel betrachteten. Bitte bedenken Sie, daß pubertierendes Nacheifern einer Idealfigur eine objektive Beobachtung enorm behindert.

3. Achte ich auf den Körperabstand?

Bitte beschreiben Sie, ob Sie eher ein "leutseliger Typ" sind, der gerne nah beim Gegenüber steht und der auch gerne anfaßt, oder sind Sie eher ein "scheuer Typ", der gerne in sicherem Abstand steht und Berührungen vermeidet?

Zweite Regel:
Achte auf Bewegungen!

Es ist überraschend, wieviele Informationen man über einen anderen bekommt, wenn man darauf achtet, wie er sich bewegt

Es ist überraschend, wieviele Informationen man über einen anderen bekommt, wenn man darauf achtet, wie er sich bewegt. Es ist nicht nur der Gang, der uns vieles mitteilt über das innere Lebensgefühl eines anderen, sondern auch die Art und Weise, wie er sich setzt, erhebt, dreht, grüßt etc. Sehr auffällig dabei ist, daß jeder Mensch eine unterschiedliche Grundgeschwindigkeit hat, mit der er seine Bewegungen durchführt. Eine wahre Offenbarung ist es, wenn man mit einem Menschen tanzt und aus allernächster Nähe sein Taktgefühl und seine Bewegungsdynamik miterlebt.

Die folgenden Fragen können in dem unendlich weiten Feld der menschlichen Bewegungsformen nur eine ungefähre Orientierung geben.

Wie bewegt sich mein Gegenüber, eher beherrscht oder unruhig?

Wie ist sein Gang, eher forsch oder eher schleppend, eher hüpfend, oder scheint er eine schwere Last zu tragen?

Sind seine Bewegungen eher ruhig und bedächtig, oder zuckend und ruckartig?

Wie ist seine Grundbewegungsform, eher etwas zu langsam oder eher etwas zu schnell?

Macht der andere Bewegungen, die ihm gar nicht bewußt sind, wie zum Beispiel: durch die Haare fahren, mit dem Bein zucken, mit dem Finger den Takt schlagen etc.?

Wie ist der Druck der Hand beim Gruß, eher lasch oder eher fest und energisch?

Wie tanzt der andere, eher sicher und im Takt oder unsicher und taktlos?

Übungsteil

1. Wie bewege ich mich?

Bitte beschreiben Sie ausführlich, wie Sie Ihre eigenen Bewegungsformen anhand der Fragen auf S. 52 einschätzen.

2. Wie nehmen andere meine Bewegungen wahr?

Bitte fragen Sie in Ihrem Bekanntenkreis, wie man Ihre Bewegungsdynamik wahrnimmt und schreiben Sie das unter Verwendung von Originalzitaten nieder.

3. Wie tanze ich?

Bitte beschreiben Sie nach einem ausführlichen Tanz vor einem großen Spiegel, wie Sie tanzen. Gibt es Bewegungsformen, die Sie scheuen, weil das in Ihnen etwas bewegen könnte, das Sie nicht bewegt haben wollen?

Dritte Regel:
Achte auf den Blick!

In einem Blick werden Vorstellungen transportiert, und deswegen sollten wir sehr vorsichtig sein in der Entscheidung, wem wir unseren Blick öffnen und wem wir unseren Blick verschließen

Der Blick ist „das Fenster zur Seele" und jeder weiß, von welch enormer Wichtigkeit es ist, wie jemand einen anblickt, und wie man jemanden anblickt. In einem Blick werden Vorstellungen transportiert, und deswegen sollten wir sehr vorsichtig sein in der Entscheidung, wem wir unseren Blick öffnen und wem wir unseren Blick verschließen. Nicht umsonst haben viele Kulturen für Frauen die Regel aufgestellt, einen Mann nicht anzublicken, sondern den Blick sittsam zu Boden gesenkt zu halten.

Wenn es einem Mann gelingt, „seine Vorstellung einer bestimmten Situation" in den offenen Blick einer Frau zu projizieren, so ist er schon sehr weit in sie eingedrungen.

Doch nun zurück in unsere Kultur und zu unseren Fragen.

Hat mein Gegenüber einen offenen Blick, oder blickt er eher versteckt?

Blickt er mir lange in die Augen, oder blickt er nach kurzem Blickkontakt gleich wieder weg?

Wenn er zu mir spricht, blickt er mich an, oder ist dann seine bevorzugte Blickrichtung zur Seite, über mich hinweg oder unter mich?

Ist der Blick meines Gegenübers eher intensiv, oder eher „verschleiert"?

Habe ich das Gefühl, er blickt mich wirklich an, d.h., er versucht, mich zu verstehen, oder ist der Blick eher oberflächlich, rein geschäftsmäßig?

Ist der Blick eher elektrisch strahlend oder eher magnetisch saugend?

Übungsteil

1. *Ich blicke in den Spiegel und halte meinem Blick stand.*

   Bitte beschreiben Sie Ihren eigenen Blick. Nutzen Sie als Beobachtungshilfen die Fragen aus der dritten Regel.

2. *Ich frage Bekannte über meinen Blick.*

   Bitte schreiben Sie alle Äußerungen im genauen Wortlaut nieder, die Bekannte auf Ihre Bitte: "Beschreibe bitte einmal meinen Blick?", geantwortet haben.

3. *Ich beobachte und verändere meinen Blick.*

   Bitte beschreiben Sie Ihre Gefühle, wenn Sie vor dem Spiegel Ihren Blick verändert haben, indem Sie sich verschiedene Situationen vorstellten. Welche Verbindung bestand zwischen Ihrer Vorstellung und dem Ausdruck Ihres Blickes?

Vierte Regel:
Achte auf bilderreiche Sprache und eine ausgewogene Stimme!

Jeder kennt die verblüffende Erfahrung, daß sehr häufig die Stimme nicht zur Person paßt

Jeder kennt die verblüffende Erfahrung, daß sehr häufig die Stimme nicht zur Person paßt. Wie oft haben wir nach dem ersten telefonischen Kontakt eine klare Vorstellung, wie die Person, mit der wir gesprochen haben, aussieht, und wenn wir sie dann sehen, sind wir häufig überrascht, denn sie will so gar nicht zur Stimme passen. Diese Erfahrung, die jeder kennt, zeigt, wie stark eine Stimme unser Vorstellungsvermögen reizt. Aber nicht nur die Stimme selbst, sondern auch die Wortwahl, die der andere nutzt, regen unsere Assoziationen an. Hierbei gibt es eine einfache Regel. Je mehr man in Bildern spricht, umso mehr wird das Herz erreicht. Je mehr wir abstrakt sprechen, umso mehr erreichen wir den Verstand.

Doch nun zu den Fragen, die die Aufmerksamkeit auf Sprache und Stimme lenken sollen.

Wie spricht mein Gegenüber, eher zu schnell oder eher zu langsam?

Nutzt er Bilder, Beispiele und Vergleiche?

Spricht er mit dem ganzen Körper, nutzt er Mimik und Gestik, um das Gesagte zu untermalen, oder unterstützt der Körper kaum das gesprochene Wort

Spricht er mit dem ganzen Körper, nutzt er Mimik und Gestik, um das Gesagte zu untermalen, oder unterstützt der Körper kaum das gesprochene Wort? Wie klingt die Stimme des Gegenübers, ist sie eher zu hoch oder eher zu tief?

Ist er gut zu verstehen, oder spricht er undeutlich, nuschelt, lispelt oder stottert er gar?

Ist die Lautstärke der Stimme der Situation angemessen, oder ist sie immer gleich laut?

Kommt die Stimme frei und direkt, oder hat man das Gefühl, der andere „klemme die Stimme im Hals ab"?

Übungsteil

1. Wie ist meine Sprache?

Bitte schreiben Sie unter Berücksichtigung
der Fragen aus der vierten Regel, ob Sie
eher bilderreich oder abstrakt sprechen.
Sind Sie mit Ihrer Sprache zufrieden, oder
wollen Sie sie - wenn ja, in welcher Hinsicht
- verbessern?

2. Spreche ich Fremdsprachen?

Bitte zählen Sie auf, welche Fremdsprachen
oder welche Dialekte Sie sprechen, und
beschreiben Sie, wie sich Ihre gefühlsmäßige
Grundeinstellung ändert, wenn Sie von einer
Fremdsprache oder einem Dialekt in eine
andere Fremdspache, einen Dialekt oder in
eine "Alltagssprache" wechseln?

3. Wie klingt meine Stimme?

Hören Sie einmal bewußt auf Ihre Stimme,
oder fertigen Sie eine Tonbandaufnahme
Ihrer Stimme an, die Sie dann abhören.
Schreiben Sie anschließend nieder, was
Ihnen an Ihrer Stimme auffällt.

4. Verstelle ich meine Stimme?

Bitte beschreiben Sie Ihre Erfahrungen,
wenn Sie Ihre Stimme verstellen. Finden Sie
Beispiele aus Ihrem Alltag, wann Sie Ihre
Stimme verstellen.

Fünfte Regel:
Achte auf den Atem!

Das tiefe Durchatmen ist uns allen bekannt als die erfolgreichste streß- und angstlösende Methode schlechthin

„Tief durchatmen!", rufen wir jemandem zu, der in Streß geraten ist und den Überblick verloren hat. Das tiefe Durchatmen ist uns allen bekannt als die erfolgreichste streß- und angstlösende Methode schlechthin. Leider vergessen wir dies - obwohl wir es wissen - immer wieder. Der Atem ist aber nicht nur in der Angst- und Streßüberwindung die entscheidende Hilfe, sondern er ist auch die tiefste Möglichkeit, um sich in einen anderen Menschen hineinzufühlen, sich in ihn hineinzuversetzen. Indem wir den Atem des anderen nachspüren und für eine kurze Weile - selten bewußt - imitieren, können wir erspüren, wie der andere sich gerade wirklich fühlt. Auf diese Weise erarbeiten wir uns den Charakterzug: einfühlsam. Da wir nahezu den ganzen Tag „automatisch" atmen, ist Vorsicht geboten, wenn wir Bewußtsein in eine automatisch verlaufende Welt einbringen wollen. Anders gesagt: Atemübungen und auch Atembeobachtungen sollen immer nur für eine kurze Weile durchgeführt werden.

Die folgenden Fragen zeigen den Weg, über den wir uns tiefen Zugang zu einem anderen Menschen erschließen können.

Wie atmet mein Gegenüber, eher flach oder eher tief durchatmend?

Spüre ich das Bedürfnis, in seinen Atemrhythmus einzutauchen, oder spüre ich das Bedürfnis, gegen seinen Atemrhythmus anzuatmen?

Habe ich schon einmal bemerkt, daß ich in einer angespannten, festgefahrenen Situation durch ein tiefes Durchatmen die gesamte Situation verändern konnte?

Übungsteil

1. Wie atme ich?

Bitte beobachten Sie kurz Ihren Atem, indem Sie Ihre Hände erst auf den Bauch, dann auf die Rippenbögen, dann auf die Brust und schließlich auf das Schlüsselbein legen. Was bewegt sich beim tiefen Atmen?

2. Wann atme ich bewußt?

Bitte beschreiben Sie einige Situationen, in denen Sie bewußt tief durchatmen, wie z.B. beim Beginn eines Waldspaziergangs, oder beim Strecken des Oberkörpers am Schreibtisch während einer Kurzpause, oder nach dem Essen als Verdauungshilfe etc.

3. Ich atme mit jemandem im gleichen Rhythmus.

Bitte beschreiben Sie Ihre Erfahrung, wenn Sie mit jemandem, der Ihnen sehr vertraut ist, bewußt im gleichen Rhythmus atmen und ihn dabei ansehen.

Sechste Regel:
Achte auf das Timing!

Das Timing beschreibt die Stimmigkeit von kommunikativen Prozessen

Der Begriff "Timing" ist jedem, der im Sport, Spiel und auch im Bühnengeschehen beschäftigt ist, ein klarer Begriff. Er beschreibt die Stimmigkeit von kommunikativen Prozessen. Die folgenden Fragen verdeutlichen, wie wichtig es ist, während einer Kommunikationssituation immer auf das richtige Timing zu achten.

Gebe ich meinem Gegenüber genügend Raum, ihn aussprechen, auch körpersprachlich aussprechen zu lassen?

Lasse ich ihm auch Zeit, danach Luft zu holen, so daß er meine Antwort gut aufnehmen kann?

Ermutige ich mein Gegenüber durch aufmunternde körpersprachliche Zeichen, zum Punkt zu kommen, oder treibe ich ihn durch mein Schweigen dazu, ängstlich immer wieder um den heißen Brei herumzureden?

Ist mir überhaupt bewußt, inwieweit ich mein Gegenüber durch körpersprachliche Zeichen beeinflussen kann?

Ist mir bewußt, inwieweit ich selbst körpersprachlich steuerbar bin?

Gerate ich durch ablehnende körpersprachliche Zeichen in Hektik und wähle dann garantiert das falsche Timing?

Nutze ich selbst für mich das Wissen, daß ich ohne Streß einen Redebeitrag beende, durch einen Atemzug einen Punkt setze und erst dann für die Antwort offen bin?

Habe ich das Gefühl, daß ich für das, was ich mitteilen will auch genügend Raum schaffe?

Lasse ich mir genügend Zeit und Raum für Frage und Antwort?

Übungsteil

1. Ich beobachte mich selbst während eines Gespräches.

Bitte beschreiben Sie, ob Sie eher zu hektisch oder zu zögerlich in einem normalen Gespräch agieren?

2. Wie verhalte ich mich, wenn ich in einer Kommunikationssituation gereizt werde?

Bitte beschreiben sie, ob Sie eher laut werden und aggressiv oder eher verstummen und in sich zusammensinken? Bitte beschreiben Sie auch, welche Angewohnheiten des Gegenübers Sie während eines Gespäches "zur Weißglut" bringen.

3. Ich führe ein harmonisches Gespräch.

Bitte beschreiben Sie, welche Bedingungen Ihr Gegenüber und Sie erfüllen sollten, um ein harmonisches und effektives Gespräch zu führen.

Siebte Regel:
Achte auf die Stimmigkeit der Situation!

Diese letzte der sieben Regeln bezieht sich nicht direkt auf die verschiedenen Partner in einer Kommunikation, sondern auf die Umgebung. Beim Theater würde man fragen: „Stimmen in dieser Szene das Bühnenbild, Kostüme und Requisiten?"

Bei dieser Regel sollte das Bewußtsein auf die Inszenierung der Situation gerichtet werden

Bei dieser Regel sollte das Bewußtsein auf die Inszenierung der Situation gerichtet werden. Die Fülle der folgenden Fragen zeigt unter anderem auch, daß die Inszenierung einer Kommunikationssituation schon lange vor der eigentlichen Situation beginnt. Auch werden hier der Eindringlichkeit halber die Fragen nicht auf das Gegenüber, sondern auf Sie (mich) selbst bezogen.

Paßt meine Frisur zu mir?

Ist die Kleidung, die ich trage, meinem Typ und der Situation angemessen?

Passen Uhr, Brille, Ringe, die ich trage, zu mir?

Was will ich mit meiner Kleidung und meinem Arrangement ausdrücken?

Stimmt der Raum für das Gespräch, das ich führen will? Wie ist der Raum speziell für mein Vorhaben vorbereitet worden?

Sind die Kommunikationsmittel von mir vorher geprüft worden (z.B. Overhead Projektor, Flipchart etc.)?

Habe ich mir bei einem Tischgespräch die Sitzordnung überlegt?

Habe ich mir überlegt, was ich während des Gesprächs und vor allem in welcher Phase anbieten werde? Kurz: Befinden sich meine Person, Raum und Zweck der Kommunikationssituation in einem stimmigen Verhältnis zueinander?

Übungsteil

1. Welcher Typ bin ich?

Bitte beschreiben Sie nach einer ausführlichen Betrachtung in einem großen Spiegel, welche Kleidung und persönliche Schmuckgegenstände Sie benutzt haben, um einen bestimmten Typ zu kreieren.

2. Welcher Typ wäre ich gerne?

Bitte beschreiben Sie, welcher Typ Sie gerne wären, wie Sie gerne Ihre Figur, Kleidung, Ihren Schmuck ändern würden. Seien Sie so konkret wie möglich.

3. Wie bereite ich eine Gesprächssituation vor?

Bitte beschreiben Sie so genau wie möglich anhand von konkreten Beispielen, wie Sie sich und den Raum für ein wichtiges Gespräch vorbereiten.

Der Galli Verlag - Lehr- und Lernmaterial.

Wenn Sie, liebe Leserin, lieber Leser, bis hierher lesend vorgedrungen sind, so werden Sie wahrscheinlich neugierig fragen, welche weiteren Möglichkeiten es im Rahmen der Galli Methode® gibt, um kreativ und spielerisch an der eigenen Persönlichkeit und Ausdrucksfähigkeit zu arbeiten.

Deshalb ist es gut, nochmals in Erinnerung zu bringen, daß das vorliegende Galli Script "Körpersprache und Kommunikation" ein Baustein eines viel weiter angelegten Übungsfeldes ist: "GAME- die Galli Methode®". Da die Methode lebendig ist und ständig weiterentwickelt wird, wird GAME vom Galli Verlag als Loseblattsammlung mit vierteljährlichen Ergänzungslieferungen vertrieben.

Der Galli Verlag wurde 1985 von Johannes Galli hauptsächlich mit dem Ziel gegründet, unterstützendes Lehr- und Lernmaterial für diejenigen zu produzieren, die Elemente der Galli Methode® in ihren Beruf integrieren oder die die Galli Methode® zum persönlichen Wachstum regelmäßig weiter üben wollen. Inzwischen werden die vielfältig einsetzbaren Produkte in der Pädagogik, der Erwachsenenbildung, in Kunst und Kultur, in Schulungen, im therapeutischen Bereich und vor allem in Firmen, Unternehmen und internationalen Gesellschaften eingesetzt, um die Kommunikationsfähigkeit zu erhöhen.

Für ausführliche Informationen fordern Sie bitte unser Verlagsprogramm an:

Galli Verlag
Haslacher Str. 15
D-79115 Freiburg
Tel 0761/40 007-0
Fax 0761/40 007-33
eMail galli.verlag@t-online.de